Almas rebeldes

Kahlil Gibran

Almas rebeldes

1908

1. A Senhora Rose Hanie
2. O lamento das sepulturas
3. Kahlil, o herege

Tradução Ângelo Cunha de Andrade

Editora Claridade

Título original: *Spirits Rebellious*

Editora Claridade Ltda.
Av. Dom Pedro I, 840
01552-000 São Paulo SP
Fone/fax: (11) 6215.6252
E-mail: claridade@claridade.com.br
Site: www.claridade.com.br

Tradução:
Ângelo Cunha de Andrade

Preparação de originais:
Marcia Choueri

Revisão:
Maria Clara Barcellos Fontanella

Capa:
William Valeriano

Editoração Eletrônica:
Wander Camargo da Silva

ISBN 85-88386-33-x

Dados para Catalogação

Gibran, Kahlil (1883-1931)

Almas rebeldes / Tradução de Ângelo Cunha de Andrade, Editora Claridade, São Paulo, 2005

111 p.

1. Literatura árabe I. Título II. Autor

CDD 892

Sumário

1
A senhora Rose Hanie

I

Pobre do homem que ama uma mulher e com ela se casa, vertendo aos pés da esposa o suor de sua pele e o sangue de seu corpo e a vida de seu coração, e colocando nas mãos dela o resultado de seu trabalho e de sua capacidade. Quando ele pouco a pouco se der conta, verá que aquele coração, que ele tanto se esmerou em conquistar, foi inocentemente entregue a outro homem, para atender a seus segredos mais ocultos e a seu mais profundo amor. E pobre da mulher que, imersa na indiferença e irresponsabilidade da juventude, subitamente se vê na casa de um homem que a cobre de reluzente ouro e valiosos presentes, e lhe concede todas as honras e as alegrias de abundantes diversões, mas não consegue satisfazer sua alma com o vinho celeste que Deus derrama dos olhos do homem no coração de uma mulher.

Meu contato com Rashid Bey Namaan vinha dos tempos da mocidade; ele era um libanês nascido e criado na cidade de Beirute. Sendo membro de uma antiga e rica família, que preserva a tradição e glória de seus antepassados, Rashid tinha orgulho de citar a nobreza de seus ancestrais. Em seu cotidiano, obedecia às crenças e costumes que, na época, predominavam no Oriente Médio.

Rashid Bey Namaan era generoso e de bom coração, porém, como muitos sírios, olhava somente para as aparências, em lugar da realidade. Jamais escutava o que lhe dizia seu coração, procurando sempre obedecer às normas do ambiente em que vivia. Desperdiçava tempo com coisas desimportantes que lhe cegavam os olhos e o coração para os segredos da vida; seu espírito se desviava da compreensão das leis da natureza, para uma fugidia autogratificação. Era desses homens que demonstram imediatamente sua amizade ou sua antipatia para com as pessoas, mas se arrependia de sua impulsividade quando já era tarde demais para voltar atrás. Era quando a vergonha e o ridículo o apanhavam, em lugar da escusa ou da confirmação.

Foram esses os motivos que levaram Rashid Bey Namaan a se casar com Rose Hanie, muito antes que a alma dela abraçasse a sua, sob a proteção do verdadeiro amor, que transforma a união em paraíso.

Após alguns anos de ausência, retornei à cidade de Beirute. Ao visitar Rashid Bey Namaan, encontrei-o pálido e magro. Qualquer um poderia perceber em seu rosto o fantasma de uma amarga decepção; seus olhos tristes eram a prova de que seu coração estava deprimido, e sua alma, melancólica. Eu estava curioso para conhecer a causa de sua triste situação; assim, não hesitei em pedir uma explicação e perguntei: "O que lhe aconteceu, Rashid? Onde está o sorriso radiante e o rosto alegre que o acompanham desde a infância? A morte tirou de você algum amigo querido? Ou as noites sombrias roubaram o ouro que você acumulou durante os dias luminosos? Por nossa amizade, diga-me o que está causando essa tristeza de coração e essa fragilidade de corpo".

Ele me olhou tristemente, como se eu lhe reavivasse imagens já desvanecidas de dias gloriosos. Respondeu-me com voz angustiada e vacilante: "Ao perder um amigo, uma pessoa se consola com os outros amigos que tem, e quando perde seu ouro, ela medita por um tempo e expulsa da mente a infelicidade, sobretudo quando se sente saudável e ainda cheia de aspirações. Mas, ao perder a tranqüilidade de seu coração, onde esse homem poderá achar conforto e com o que poderá substituí-la? Que mente irá dirigi-lo? Quando a morte bater ao lado, você sofrerá; mas depois que o dia e a noite passarem, sentirá a leveza do toque dos suaves dedos da Vida; e então você sorrirá e se alegrará.

"O Destino chega subitamente e traz ansiedade; ele o mira com olhos terríveis, aperta sua garganta com dedos afiados, joga-o ao chão e o calca pesadamente com pés de ferro; então ele ri e vai embora, porém se arrepende em seguida de suas atitudes e lhe pede que o perdoe com alguma ação de boa sorte. Oferece-lhe sua mão suave e o consagra, canta-lhe a Canção da Esperança e o faz esquecer suas consternações. Cria em você novas razões para a confiança e a ambição. Se o encanto de sua vida é um pássaro maravilhoso que você ama carinhosamente, com alegria você o nutrirá com as sementes de seu íntimo e fará de seu coração uma gaiola, e da sua alma, um ninho. Não obstante, enquanto você carinhosamente o contempla e o mira com os olhos do amor, ele foge de suas mãos e voa muito alto; então desce e entra em outra gaiola e nunca mais retorna. O que você pode fazer? Onde pode encontrar paciência e compaixão? Como pode reavivar suas expectativas e sonhos? Que força pode acalmar seu coração turbulento?"

Ao proferir essas palavras com voz embargada e espírito pesaroso, Rashid Bey Namaan tremia como um junco entre os ventos norte e sul. Ele estendeu as mãos como se fosse agarrar alguma coisa, com os dedos crispados para destruí-la. Seu rosto enrugado estava pálido, seus olhos se arregalaram como se por alguns momentos ele os abrisse completamente, e parecia que viam um demônio vindo do nada para levá-lo dali; ele então os fixou em mim, e sua aparência mudou subitamente; sua fúria se transformou em profundo sofrimento e angústia, e ele gritou: "Foi a mulher que eu salvei das garras mortais da pobreza. Para ela abri meus cofres e a tornei invejada por todas as mulheres, por seus lindos trajes e pedras preciosas e esplêndidas carruagens puxadas por cavalos fogosos; a mulher a quem dei meu coração e a cujos pés depositei meu afeto; a mulher para quem eu era um verdadeiro amigo, companheiro sincero e marido amoroso. A mulher que me traiu e abandonou por outro homem, para com ele partilhar a miséria e dividir o pão desprezível, amassado com a vergonha e mesclado com a desgraça. A mulher que amei; o maravilhoso pássaro que alimentei, e para quem fiz do meu coração uma gaiola, e de minha alma um ninho, fugiu de minhas mãos e entrou em outra gaiola. Aquele anjo puro que morava no paraíso de meu carinho e amor parece-me agora um demônio horrível, descendo na escuridão para sofrer por seu pecado e me fazer penar na terra por seu crime".

Rashid escondeu o rosto com as mãos, como se estivesse querendo proteger-se de si mesmo, e calou-se por um instante. Então suspirou e disse: "Isso é tudo que posso lhe dizer; por favor, não pergunte mais nada. Não espalhe minha desgraça; pelo contrário, faça que seja uma infelicidade muda; que ela cresça em silêncio, destruindo-me, para que eu possa, um dia, descansar em paz".

Ergui-me com lágrimas nos olhos e piedade no coração e silenciosamente dei-lhe adeus; minhas palavras não tinham poder para consolar seu coração magoado, e meus conhecimentos não serviam de tocha para iluminar seu eu sombrio.

II

Poucos dias depois, encontrei a senhora Rose Hanie pela primeira vez, numa cabana pobre cercada de árvores e flores. Ela tinha ouvido falar de mim através de Rashid Bey Namaan, o homem cujo coração ela havia espezinhado e deixado sob as terríveis garras da Vida. Vendo seus olhos lindos e brilhantes e ouvindo sua voz sincera, pensei: "Será esta aquela mulher sórdida? Pode este rosto claro esconder uma alma terrível e um coração criminal? Será esta a esposa infiel? Esta é a mulher de quem eu mesmo tenho falado mal, imaginando-a uma serpente disfarçada sob a forma de um pássaro encantador?" E murmurei novamente comigo: "É este o belo rosto que fez de Rashid Bey Namaan um miserável? Já não escutamos que uma beleza assim evidente é a causa de muitas desgraças e profundo pesar? Não é a lua maravilhosa que inspira os poetas, a mesma lua que transforma o silêncio do mar em terríveis rugidos?"

Quando nos sentamos, a senhora Rose Hanie parecia ter ouvido e lido meus pensamentos e procurou não prolongar minhas dúvidas. Colocou sua encantadora cabeça entre as mãos e, com uma voz mais suave que o som da lira, disse: "É a primeira vez que o vejo, mas escutei os ecos de seus pensamentos aos comentários que ouviu da boca do povo; isso me convenceu de que você é generoso e poderia compreender uma mulher aflita – a mulher cujos segredos do coração você descobriu e cujas afeições já conhece. Deixe-me revelar-lhe tudo que existe em meu coração, e então você poderá ver que Rose Hanie nunca foi uma mulher infiel.

"Eu tinha apenas dezoito anos, quando o destino me entregou a Rashid Bay Namaan, então com quarenta anos[1]. Ele se apaixonou por mim, segundo dizem, e tornou-me sua esposa e me colocou numa casa esplêndida, pondo à minha disposição roupas caras e pedras preciosas. Ele me exibia como uma estranha raridade na casa de seus amigos e familiares; sorria vitorioso quando via os homens de sua idade me olharem com surpresa e admiração; levantava a cabeça com orgulho, quando ouvia as senhoras falarem de mim com exaltação e carinho. Mas ele nunca escutou o que eles cochichavam: 'Essa é a esposa de Rashid Bey Namaan, ou sua filha adotiva?' E outro comentava: 'Se ele tivesse se casado na idade certa, seu primogênito seria mais velho que Rose Hanie'.

"Essas coisas aconteceram antes que minha vida fosse despertada do profundo torpor da juventude, e antes que Deus fizesse arder meu coração com o toque do amor, e antes do crescimento das sementes de meus afetos. Sim, tudo isso apareceu durante a fase em que eu acreditava que a verdadeira felicidade vinha através de roupas maravilhosas e

[1] O "casamento encomendado", costume dominante na época de Gibran, continua sendo uma prática constante na cultura oriental, a despeito da modernização daquelas sociedades e da luta pelos direitos da mulher.

belas mansões. Ao despertar da letargia da infância, senti as chamas do fogo sagrado ardendo em meu coração, e uma fome espiritual roendo minha alma, fazendo-a sofrer. Quando abri os olhos, vi minhas asas movendo-se da direita para a esquerda buscando subir ao amplo céu do amor, mas rompendo-se e caindo sob lufadas de proibições, de leis que tinham atado meu corpo a um homem, antes mesmo que eu conhecesse o verdadeiro sentido dessa lei. Eu compreendi todas essas coisas e percebi que a felicidade de uma mulher não se realiza através da glória e da honra de um homem, nem por sua generosidade e afeto, mas pelo amor que une ambos os corações e as afeições, tornando-os um membro do corpo da vida e uma palavra nos lábios de Deus. Quando recebi a revelação da Verdade, vi-me prisioneira por lei na mansão de Rashid Bey Namaan, como um ladrão roubando seu pão e escondendo-se nos recantos obscuros e protetores da noite. Percebi que cada hora passada com ele era uma terrível mentira, escrita em meu rosto com letras de fogo, ante o céu e a terra. Não poderia dar-lhe meu amor e afeição em troca de sua generosidade e honestidade. Em vão busquei amá-lo, mas o amor é um poder que cria os nossos corações, enquanto nossos corações não podem criar esse poder. Eu rezei continuamente no silêncio da noite, diante de

Deus, para criar nas profundezas de meu coração uma ligação espiritual que me aproximasse do homem que seria para mim um companheiro ao longo da vida.

"Minhas preces não foram atendidas, porque o Amor desce sobre nossas almas pela vontade de Deus, e não por um desejo ou clamor do indivíduo. Foi assim que fiquei por dois anos na casa daquele homem, invejando a liberdade dos pássaros do campo, enquanto minhas amigas invejavam minhas dolorosas correntes de ouro. Eu era como uma mulher a quem arrancaram seu único filho; como um coração tristonho que vivia sem nenhum afeto; como uma vítima inocente da severidade da lei humana. Eu estava prestes a morrer de fome e sede espiritual.

"Num dia escuro, eu olhava através do céu encoberto, quando avistei uma luz gentil vinda dos olhos de um homem que caminhava pobremente pelas trilhas da vida; fechei os olhos para essa luz e disse a mim mesma: 'Oh, minha alma, a treva da tumba é teu destino, não busques essa luz'. Escutei então uma linda melodia vinda do céu, que reviveu meu coração ferido com sua pureza, mas tampei os ouvidos e disse: 'Oh, minha alma, o choro do abismo é teu destino, não busques canções celestiais'. Cerrei os olhos de novo para não ver mais, e tampei os ouvidos para não mais escutar, mas meus olhos fechados continuavam a ver aquela luz gentil, e meus ouvidos escutavam aquele som divino. Pela primeira vez, eu estava amedrontada, e me sentia como um mendigo que acha uma jóia preciosa junto ao palácio do emir e não pode pegá-la porque tem medo, nem deve deixá-la por ser tão pobre. Chorei – o pranto de uma alma sedenta que vê um córrego cercado de animais ferozes; e então se atira ao chão, esperando e observando aterrorizada."

Ela então desviou os olhos de mim, como se recordasse um passado que lhe dava vergonha de me encarar, mas prosseguiu: "Essas pessoas que voltam à eternidade antes de provar a doçura da vida real são incapazes de entender o sentido do sofrimento de uma mulher. Principalmente quando ela consagra sua alma a um homem que ama pela vontade de Deus, e seu corpo, a um outro, que ela acaricia por obrigação da lei terrena. É uma tragédia escrita com o sangue e as lágrimas da mulher, e que o homem lê com zombaria, porque não pode entendê-la; e ainda que entendesse, seu riso se transformaria em escárnio e blasfêmia, atuando como fogo no coração dela. É um drama encenado pelas noites escuras no palco da alma de uma mulher, cujo corpo foi unido a um homem que lhe foi apresentado como seu marido antes que ela percebesse o sentido divino do casamento. Ela descobre sua alma pairando sobre o homem que ela adora, através de todos os atos de puro e verdadeiro amor e beleza. É uma funesta agonia, que começou com a existência da fraqueza na mulher e com o princípio da força no homem. E a menos que os dias de escravidão e superioridade do forte sobre o fraco sejam abolidos, isso não acabará. É uma guerra terrível entre a corrupta lei da humanidade e os sagrados afetos e divinos propósitos do coração. Nesse campo de batalha, eu jazia ontem, porém reuni o resto das minhas forças, libertei-me dos grilhões da minha covardia, desatei minhas asas dos laços da fraqueza e voei para o amplo céu do amor e da liberdade.

"Hoje uni minha alma à do homem que amo; ele e eu brilhamos como um archote da mão de Deus antes do começo do mundo. Não existe poder sob o sol capaz de tirar a minha felicidade, porque ela é fruto de dois espíritos entrelaçados, envolvidos pela compreensão, iluminados pelo Amor e protegidos pelo céu."

Ela me olhou como se tentasse penetrar em meu coração, para descobrir o efeito de suas palavras e para ouvir o eco de sua voz dentro de mim; não obstante continuei calado, e ela prosseguiu. Sua voz estava cheia das amarguras da memória e da ternura que emana da sinceridade e liberdade com que falava: "O povo lhe dirá que Rose Hanie é uma mulher ímpia e infiel, que seguiu seus desejos, abandonando o homem que a tornou realizada e que fez dela a maravilha do seu lar. Afirmarão que ela é uma adúltera e uma prostituta, que arruinou com suas mãos obscenas toda a construção sagrada do matrimônio, substituindo-a por uma união suja, tramada com a sordidez do inferno. Que ela despiu os trajes da virtude e colocou o manto do pecado e da desgraça. Afirmarão mais que isso, porque o fantasma de seus pais ainda vive em seus corpos. Tal como o eco nas cavernas desertas das montanhas, repetem vozes de sentido incompreensível. Não compreendem a lei de Deus, nem o autêntico motivo da verdadeira religião, nem distinguem um pecador de um inocente. Miram apenas a superfície dos objetos, sem conhecer seus segredos. Dão seus veredictos com ignorância, e julgam com cegueira, tornando iguais o criminoso e o inocente, o bom e o mau. Que se danem os que processam e julgam os outros...

"Aos olhos de Deus, eu era infiel e adúltera apenas enquanto estava na casa de Rashid Beney Namaan, porque ele me fizera sua esposa seguindo as leis e tradições e pela força da coerção, antes que o céu o tivesse feito meu, de acordo com a lei espiritual do Amor e do Afeto. Eu era uma pecadora aos olhos de Deus e diante de mim mesma, quando comia seu pão e oferecia meu corpo em troca de sua generosidade. Agora sou pura e limpa, porque a lei do Amor me libertou e me fez honrada e fiel. Parei de vender meu corpo por um abrigo, e meus dias por roupas. Sim, eu era uma adúltera e uma criminosa, quando o povo me via como a mais honrada e honesta esposa; hoje sou pura e nobre de espírito, mas na opinião deles estou maculada, pois eles julgam pelo exterior do corpo e medem o espírito pelo padrão da matéria."

Então ela olhou pela janela e apontou a cidade com sua mão direita, como se tivesse avistado o fantasma da corrupção e a sombra da vergonha entre os majestosos prédios. Ela falou apaixonadamente: "Veja essas magníficas mansões e esses grandiosos palácios onde mora a hipocrisia; nesses edifícios e entre suas paredes maravilhosamente decoradas moram a Traição ao lado da Podridão; sob o teto ornado com folhas de ouro fundido, convivem a Falsidade lado a lado com a Pretensão. Observe essas casas barulhentas que simulam felicidade, glória e poder; elas não são nada senão cavernas de miséria e aflição. Sepulturas hipócritas em que a traição da frágil mulher se oculta atrás de seus olhos pintados e de seus lábios cor de carmim; em seu interior vive o egoísmo, e reina suprema a obsessão do homem por ouro e prata.

"Se esses altos e inatingíveis palácios fossem sensíveis ao odor do ódio, da falsidade e da corrupção, eles se quebrariam e ruiriam. O homem comum olha para esses edifícios com olhos ansiosos, mas quando descobrir que os corações de seus moradores estão vazios do amor puro que existe no coração de sua esposa e que o preenche totalmente, ele sorrirá e voltará contente para os seus campos."

Rose pegou-me pela mão, levou-me para o lado da janela e disse: "Venha, eu lhe mostrarei os segredos escondidos desse povo cujo caminho me recusei a seguir. Observe aquele palácio de colunas gigantes. Ali vive um homem rico que herdou de seu pai o ouro que hoje possui. Após ter levado uma vida sórdida, ele se casou com uma mulher de quem nada sabia, a não ser que seu pai era um dos dignitários do Sultão. Tão logo terminou sua viagem de lua-de-mel, ele ficou enfastiado e unia-se a mulheres que vendem seus corpos por moedas de prata. Sua esposa ficou abandonada no palácio, como uma garrafa vazia deixada num canto por um bêbado. No início, ela chorou e sofreu; depois, viu que suas lágrimas eram mais preciosas que um marido cafajeste. Agora ela se ocupa em amar e se dedicar a um jovem com quem divide suas horas alegres e a quem devota seu sincero amor e afeto.

"Vamos agora àquela casa barulhenta rodeada de jardins maravilhosos. É a residência de um homem que vem de família nobre, que governou o país por muitas gerações, mas cujos padrões, sanidade e prestígio caíram devido a sua tolerância com o desperdício e a preguiça. Anos atrás, esse homem se casou com uma mulher horrorosa, porém rica. Após se apossar de sua fortuna, ignorou-a completamente e devotou-se a uma atraente jovem. Sua mulher atualmente passa todo tempo a anelar o cabelo, pintar os lábios e perfumar o corpo. Veste roupas caras e espera que algum jovem sorria e venha visitá-la; mas é tudo em vão, pois ela nada consegue, a não ser o próprio e horrível sorriso quando se olha no espelho.

"Veja aquele casario, rodeado de estátuas de mármore; é onde mora uma mulher linda, mas que tem um estranho caráter. Quando seu primeiro marido morreu, ela herdou todo o dinheiro e bens; em seguida, casou-se com um homem de vontade fraca e corpo frágil, tornando-se sua mulher para proteger-se contra as línguas ferinas e para usá-lo como um escudo para suas abominações. Ela agora vive entre seus admiradores, como uma abelha que suga as flores mais saborosas.

"A linda casa que está depois foi construída pelo maior arquiteto da província; pertence a um homem ambicioso e rico, que dedica todo o seu tempo a acumular ouro e a zombar dos pobres. Ele é casado com uma mulher de uma beleza sobrenatural, física e espiritualmente, mas, assim como as outras, vítima do casamento precoce. Seu pai cometeu um crime ao entregar sua mão a um homem, antes que ela tivesse a idade da compreensão, obrigando-a a colocar no pescoço a pesada carga do casamento arranjado. Agora ela está pálida e magra e não consegue achar uma saída para sua afeição aprisionada. Ela está afundando lentamente e tem vontade de morrer, para livrar-se da armadilha da escravidão e se desligar de um homem que passa sua vida acumulando ouro e amaldiçoando a hora em que desposou uma mulher estéril, incapaz de lhe dar uma criança que continuasse seu nome e herdasse seu dinheiro.

"Naquela casa entre pomares, mora um poeta idealista; ele se casou com uma mulher ignorante, que ridiculariza seus trabalhos porque não pode compreendê-los, e ri de sua conduta, porque ela é incapaz de ajustar-se a seu elevado estilo de vida. Esse poeta achou a liberdade no desespero do amor por uma mulher casada que aprecia sua inteligência e o inspira, acendendo em seu coração a tocha dos afetos e revelando-lhe os mais belos e eternos provérbios, através de seu encanto e beleza."

O silêncio reinou por alguns momentos, e a senhora Hanie sentou-se num sofá ao lado da janela, como se sua alma estivesse cansada do tumulto daqueles quarteirões. Disse então, lentamente: "Essas são as residências nas quais me recusei a morar; são os túmulos nos quais eu também estava espiritualmente enterrada. Essa gente de quem escapei é a que se deixa atrair pelo corpo e rejeita o espírito, e que nada sabe sobre Amor e Beleza. O único elo entre essas pessoas e Deus é a misericórdia de Deus por sua ignorância da lei divina. Não posso julgá-las, porque eu era uma delas, mas me compadeço de todo coração. Não as odeio, mas odeio sua rendição à fraqueza e à falsidade. Eu lhe disse todas essas coisas para mostrar a realidade da gente de quem me livrei a sua revelia. O que fiz foi descrever-lhe a vida delas; que falam tão mal de mim porque perdi sua amizade para ganhar a minha própria. Emergi da masmorra escura onde vivem e voltei meus olhos em direção à luz, onde a sinceridade, a verdade e a justiça prevalecem. Elas agora me expulsaram de sua sociedade, e estou agradecida, porque a humanidade isola apenas aqueles cujo espírito nobre se rebela contra o autoritarismo e a opressão. Aquele que opta pela escravidão em lugar do exílio não é livre em nenhum sentido da liberdade, da verdade e do dever.

"Ontem, eu era como uma bandeja que continha toda sorte de manjares deliciosos, e Rashid Bey Namaan nunca se aproximou de mim, a não ser quando sentia necessidade desse alimento; e, mesmo assim, nossas almas continuavam distantes de nós como dois humildes e dignos servos. Busquei conformar-me com o que o povo chama de infelicidade, mas meu espírito se recusa a passar toda a vida ajoelhando-se comigo diante de um ídolo horrível erguido pelas épocas obscuras e chamado LEI. Fiquei com meus grilhões até escutar o chamado do Amor e sentir meu espírito preparado para partir. Então rompi as algemas e fui-me da casa de Rashid Bey Namaan, como um pássaro que se livra da gaiola de ferro, abandonando todas as jóias, roupas, ostentação e criadagem. Decidi viver com meu amado, porque senti que o que estava fazendo era correto. O poder celestial não me quer para chorar e sofrer. Muitas vezes, à noite, eu rezava para a manhã chegar, e, quando ela chegava, rezava para que o dia terminasse. Deus não quer que eu leve uma vida miserável, pois Ele colocou no fundo do meu coração um desejo de felicidade; Sua glória mora na alegria do meu coração.

"Essa é minha história, e esse é o meu protesto frente ao céu e à terra; isso é o que não canso de repetir, enquanto essa gente fecha os ouvidos, com medo de ouvir-me e deixar-se influenciar a ponto de abalar as fundações de sua elegante sociedade.

"Esse é o duro caminho que trilhei até atingir o cume da minha felicidade. Se a morte chegar agora, estarei mais que decidida a apresentar-me diante do Supremo Trono do Céu, sem medo ou vergonha. Estou preparada para o dia do julgamento, e meu coração é puro como a neve. Obedeci à vontade divina em tudo que fiz, e segui o clamor de meu coração, ouvindo uma voz angelical do céu. Esse é o meu drama, que a gente de Beirute diz ser 'Uma blasfêmia nos lábios da vida', e 'Uma gangrena no corpo da sociedade'. Um dia, porém, o amor também irá despertar seus corações, como os raios de sol que fazem nascer as flores até mesmo da terra contaminada. Um dia, os caminhantes pararão diante de minha sepultura e saudarão a terra que envolver meu corpo: 'Aqui repousa Rose Hanie, que se libertou da escravidão das decadentes leis humanas para seguir a lei de Deus do amor puro. Ela voltou seu rosto para o céu, para assim não ver a sombra de seu corpo entre caveiras e espinhos'."

A porta se abriu, e um homem entrou. Seus olhos tinham um brilho de raios mágicos, e em seus lábios trazia um sorriso amável. A senhora Hanie levantou-se, tomou o braço do jovem e o apresentou, referindo-se a mim com palavras muito elogiosas. Percebi que ele era aquele por quem ela rejeitou o mundo e violou todos os costumes e leis terrenas.

O silêncio dominou a sala quando nos sentamos. Cada um estava imerso em pensamentos profundos. Um longo minuto de quietude e introspeção tinha se passado, quando olhei o casal sentado lado a lado. Vi algo que nunca tinha visto antes, e compreendi imediatamente o sentido da história da senhora Hanie. Entendi o significado de sua insurreição contra a sociedade que persegue os que se revoltam contra leis e costumes opressores, antes mesmo de saber a causa da rebelião. Vi à minha frente um espírito celestial, formado por dois seres maravilhosos e unidos, sobre os quais o deus do Amor estendeu suas asas, para protegê-los contra as línguas ferinas. Vi um completo entendimento emanando de duas faces sorridentes, iluminadas pela sinceridade e rodeadas pela virtude. Pela primeira vez em minha vida, eu estava diante da realidade viva da felicidade de um homem e uma mulher, almadiçoados pela religião e combatidos pela lei. Levantei, despedi-me e deixei a modesta casa na qual a Afeição era como um altar ao Amor e à Compreensão. Caminhei entre os prédios que a senhora Hanie havia me indicado. Quando cheguei ao final daqueles quarteirões, lembrei-me de Rashid Bey Namaan e meditei sobre sua condição miserável, dizendo-me: "Ele está destruído; será que o céu o escutará, se ele almadiçoar a senhora Hanie? Essa mulher teria errado ao deixá-lo e seguir a liberdade de seu coração? Ou teria sido ele o criminoso, ao obrigar o corpo dela ao casamento, antes de dominar seu coração pelo amor? Qual é o oprimido e qual é o opressor? Quem é o criminoso e quem o inocente?"

Divaguei sobre isso durante muito tempo. "Muitas vezes a decepção faz que uma mulher deixe o marido e busque a ostentação, porque seu amor por ricas e belas vestimentas a cega e a leva em direção à luxúria. Mas teria sido a senhora Hanie infiel ao trocar o rico palácio de seu marido pela modesta casa de um homem pobre? Muitas vezes a ignorância destrói a honra de uma mulher e revive sua paixão; ela fica cansada e abandona o marido, guiada por seus desejos, seguindo um homem por quem se aniquila. Teria sido a senhora Hanie essa mulher ignorante, dominada por seus desejos carnais, quando declarou publicamente sua independência e se juntou ao seu jovem amado?

Ela poderia ter-se satisfeito secretamente, mesmo vivendo com o marido, pois muitos homens estavam dispostos a ser escravos de sua beleza e mártires de seu amor. A senhora Hanie era uma mulher infeliz. Ela apenas buscou a felicidade, encontrou-a e abraçou-a. Esta é a única verdade nesse caso que a sociedade tanto condena". Então indaguei de mim mesmo: "Será permitido a uma mulher conseguir sua felicidade com a infelicidade de seu marido?" E minha alma redargüiu: "Será justo que um homem escravize o afeto da esposa, quando vê que nunca terá seu amor?"

Fui caminhando e escutando ainda a voz da senhora Hanie em meus ouvidos, até chegar ao extremo oposto da cidade. O sol estava se pondo, e a quietude dominava os campos e os prados, quando os pássaros começaram a cantar suas canções do entardecer. Comecei então a refletir: "Frente ao trono da Liberdade, as árvores se encantam com a brisa que as perpassa e aproveitam os raios de sol e a luminosidade da lua. Nos ouvidos da Liberdade, esses pássaros sussurram, e em torno da Liberdade eles voam, buscando a música dos riachos. Pelo céu da Liberdade, essas flores emanam sua fragrância, e frente aos olhos da Liberdade, sorriem quando a madrugada chega.

"Tudo na terra vive conforme a lei da natureza, e dessa lei emergem a glória e a alegria da liberdade; mas o homem é privado dessa graça, porque ele impôs à sua alma, dada por Deus, uma lei profana e limitada que ele mesmo criou. Ele fez, para si próprio, regras opressivas. O homem construiu uma estreita e dolorosa prisão, na qual encerra seus afetos e desejos. Cavou uma profunda sepultura na qual enterrou seu coração e seus propósitos. Quando uma pessoa, seguindo as orientações de sua alma, declara sua divergência com a sociedade e viola a lei, os homens de seu tempo dizem que é um rebelde merecedor do exílio, ou uma criatura infame que só merece a morte. Continuará o homem escravo de sua própria prisão até o fim do mundo? Ou se libertará com o passar do tempo e viverá do Espírito e para o Espírito? Persistirá em sua trajetória de altos e baixos na terra? Ou dirigirá o olhar em direção ao sol, para assim não ver a sombra de seu corpo entre as caveiras e espinhos?"

2
O lamento das sepulturas

I

O Emir entrou na sala do júri e acomodou-se na cadeira principal, tendo à direita e à esquerda os homens mais importantes do país. Os soldados, armados com lanças e espadas, ficaram atentos, e o povo que veio acompanhar o julgamento se ergueu e curvou-se respeitosamente para o Emir, cujo olhar emanava um poder que impunha horror a seus espíritos e temor a seus corações. Estando a corte pronta, e aproximando-se a hora do julgamento, o Emir levantou a mão e ordenou: "Tragam os criminosos um a um, e digam-me que crimes cometeram". A porta da prisão se abriu como a boca bocejante de uma besta feroz. Dos cantos obscuros da masmorra, podia-se ouvir o chocalhar dos grilhões, em uníssono com os gemidos e lamentações dos prisioneiros. Os espectadores estavam ansiosos por ver cada vítima da Morte emergindo das profundezas daquele inferno. Alguns momentos depois, dois soldados vieram, trazendo um jovem com os braços algemados atrás das costas. Sua fisionomia séria indicava nobreza de espírito e fortaleza de coração. Ele parou no meio da sala do tribunal, e os soldados recuaram alguns passos. O Emir encarou-o calmamente e disse: "Qual foi o crime deste homem, que se posta orgulhoso diante de mim?" Um dos homens da corte respondeu: "Trata-se de um assassino; ontem matou dois oficiais do Emir que estavam numa importante missão, nas aldeias vizinhas; ele ainda segurava a espada ensangüentada quando foi preso". O Emir retorquiu com raiva: "Conduzam este homem à masmorra, amarrem-no com pesadas correntes e, de madrugada, cortem-lhe a cabeça com sua própria espada e joguem seu corpo na selva, para que os animais comam sua carne, e o ar possa levar seu odor apodrecido para as narinas de seus familiares e amigos". O jovem retornou ao calabouço, enquanto o povo o mirava com olhos piedosos, pois era um homem novo, na flor da idade.

Logo os soldados voltaram, conduzindo uma jovem de beleza delicada e natural. Estava pálida, e em suas faces apareciam os sinais da opressão e do desapontamento. Tinha os olhos molhados de lágrimas e a cabeça caída sob o peso de sua tristeza. Após olhá-la detidamente, o Emir exclamou: "E o que fez esta mulher abatida, que está diante de mim como a sombra ao lado de um defunto?" Um dos soldados respondeu: "Ela é uma adúltera; na noite passada, seu marido encontrou-a nos braços de outro. O amante fugiu, e o marido a trouxe para a lei". O Emir encarou-a enquanto ela levantava o rosto sem expressão, e ordenou: "Levem-na de volta à masmorra e a coloquem sobre uma cama de espinhos, para que se lembre do lugar de repouso que ela sujou com seu erro; dêem-lhe vinagre misturado com bílis para beber, para que possa recordar o gosto dos beijos doces. De madrugada, arrastem seu corpo nu para fora da cidade e a apedrejem. Deixem que os lobos apreciem sua carne macia, e os vermes penetrem em seus ossos". Enquanto ela voltava para a cela escura, o povo olhou-a com simpatia e surpresa. Sentia-se contrariado com a justiça do Emir e preocupado com o destino dela. Os soldados voltaram com um homem triste cujos joelhos batiam e tremiam, como uma árvore nova enfrentando o vento do norte. Ele tinha um olhar pusilânime e amedrontado, e era pobre e miserável. O Emir o encarou com nojo e perguntou: "E este homem imundo, um morto entre os vivos, o que fez?" Um dos guardas falou: "Ele é um ladrão que arrombou o mosteiro e roubou os vasos sagrados, que os monges encontraram em seu poder quando o prenderam".

Do mesmo modo como a águia faminta olha para um pássaro de asas partidas, o Emir encarou-o e pontificou: "Levem-no de volta para a prisão e o acorrentem, e de madrugada arrastem-no até uma árvore bem alta e enforquem-no entre o céu e a terra. Assim suas mãos pecadoras morrerão, e os membros de seu corpo sem vida ficarão à mercê do vento". Quando o ladrão cambaleou de volta às profundezas da prisão, o povo começou a comentar baixinho, dizendo: "Como esse homem ousou roubar os vasos sagrados do mosteiro?"

Nesse momento a corte suspendeu a sessão, e o Emir saiu acompanhado por todos os seus dignitários e protegido pelos soldados, enquanto o público se retirava, e naquele lugar vazio restou apenas o lamento e o gemido dos prisioneiros. Tudo isso se passou enquanto eu estava lá, postado como um espelho frente aos fantasmas que passavam. Refletia sobre as leis feitas pelo homem para o homem, testemunhando o que o povo chama de "justiça" e imerso em profundos pensamentos sobre os segredos da vida. Busquei compreender o significado do universo. Estava confuso, sentindome como um horizonte envolvido pelas nuvens. Ao deixar o lugar, disse a mim mesmo: "As plantas se alimentam dos elementos da terra, a ovelha come as plantas, o lobo devora a ovelha, e o touro mata o lobo, enquanto o leão devora o touro; também a Morte chama o leão. Existe algum poder que se sobreponha à Morte e faça dessas brutalidades uma eterna justiça? Haverá uma força que possa transformar todas essas coisas horríveis em coisas belas? Haverá algum poder capaz de enlaçar todos os elementos da vida com alegria, como o mar prazerosamente engolfa todos os riachos em suas profundezas? Haverá algum poder capaz de aprisionar o assassinado e o assassino, o traído e o traidor, o ladrão e o roubado, e trazê-los para uma corte mais sublime e mais capaz que a corte do Emir?"

II

No dia seguinte abandonei a cidade e fui para os campos, onde o silêncio revela à alma o que o espírito busca, e onde o céu puro mata os germes do desespero criados na cidade, entre as ruas estreitas e os lugares escuros. Ao chegar ao vale, avistei um bando de corvos e abutres planando e descendo, enchendo o céu com seu gralhar, e o zunir e bater das asas. Mais adiante, avistei o cadáver de um homem pendurado no alto de uma árvore, o corpo de uma mulher despida no meio de um monte de pedras e o cadáver de um jovem cuja cabeça cortada estava encharcada de sangue misturado com a terra. Aquela visão horrível me nublou os olhos com um espesso e escuro véu de aflições. Mirei em todas as direções e nada enxerguei, exceto o fantasma da Morte ao lado daqueles restos horríveis. Ouvia-se apenas o gemido da não-existência, mesclado com o ruído dos corvos que rondavam as vítimas das leis humanas. Três seres humanos, que até ontem estavam na plenitude da Vida, hoje tombam como vítimas da Morte porque quebraram as leis da sociedade. Quando um homem mata outro, o povo diz que é um assassino; porém, quando o Emir o mata, o Emir é justo. Quando um homem rouba o mosteiro, dizem que é um ladrão; mas quando o Emir lhe tira a vida, o Emir é honrado. Quando uma mulher trai o marido, dizem que é uma adúltera; mas quando o Emir a obriga a andar despida pelas ruas e ordena seu apedrejamento, o Emir é nobre. O derramamento de sangue é proibido, mas por que o Emir pode promovê-lo? Roubar o dinheiro de alguém é um crime, mas tirar a vida de uma pessoa é um ato nobre? A infidelidade a um marido pode ser uma ação terrível, mas apedrejar almas vivas é um encantador espetáculo? Devemos arrostar a maldade com a maldade e dizer que isso é a Lei? Devemos combater a corrupção com uma corrupção maior, e dizer que isso é a Regra? Devemos controlar os crimes com mais crimes, e dizer que isso é Justiça? Não matou o Emir nenhum inimigo, em sua vida passada? Nunca roubou, de seus súditos fracos, dinheiro e propriedade? Não cometeu nenhum adultério? Era ele um homem sem faltas, quando matou o assassino, enforcou o ladrão e apedrejou a adúltera? Quem são esses que enforcaram o ladrão na árvore? São anjos descidos do céu, ou homens saqueadores e ladrões? Quem decepou a cabeça do assassino? São profetas divinos, ou soldados derramando sangue por onde quer que passem? Quem apedrejou aquela adúltera? Foram eremitas virtuosos que vieram de seu mosteiro, ou humanos que amam cometer atrocidades com alegria, sob a proteção de uma lei atrasada? O que é a Lei? Quem a viu chegando com o sol do alto do céu? Quem viu nela o coração de Deus e vislumbrou seus desejos e objetivos? Em que século os anjos andaram entre a gente, pregando: "Impeçam o fraco de gozar a vida, e executem os marginais com a lâmina cortante da espada, e pisem sobre os pecadores com pé de ferro?"[2]

Ainda envolvido nessas reflexões sofridas, ouvi ruído de passos que se aproximavam pelo mato. Fiquei atento e vi uma jovem vindo de trás das árvores; ela olhou cuidadosamente em todas as direções, antes de se aproximar dos três corpos. Seus olhos logo avistaram a cabeça cortada do jovem. Ela chorou convulsivamente, ajoelhou-se e o envolveu com seus braços trêmulos; de seu rosto rolavam lágrimas, enquanto ela acariciava com seus dedos suaves os cabelos encaracolados e emaranhados com o sangue, chorando com uma voz que vinha do fundo de um coração estraçalhado. A jovem não pôde mais suportar a visão. Arrastou o corpo até uma vala, colocou-lhe a cabeça delicadamente entre os ombros, cobriu-o todo com terra e sobre a sepultura improvisada colocou a espada com a qual a cabeça do jovem havia sido cortada.

Como já mostrava intenção de partir, dirigi-me a ela. A jovem tremeu quando me viu, e seus olhos ficaram cheios de lágrimas. Ela suspirou e disse: "Entregue-me ao Emir, se quiser. Para mim, é melhor morrer e seguir aquele que salvou minha vida

[2] Neste parágrafo, Gibran expressa de maneira veemente sua crítica ao poder absoluto dos emires sobre o povo, denúncia que se mantém atual e universal por seu caráter ético e humanitário. (N. E.)

das garras do infortúnio, do que deixar seu cadáver como alimento para os animais ferozes". Respondi-lhe: "Não tenha medo de mim, pobre moça, eu me compadeci da morte desse jovem antes de você. Mas diga-me, como ele a salvou das garras da desgraça?" A moça respondeu com uma voz cuidadosa e frágil: "Um dos oficiais do Emir veio à nossa fazenda para coletar o imposto; quando me viu, olhou-me como um lobo cobiça uma ovelha. Resolveu cobrar de meu pai um imposto tão alto, que mesmo um homem rico não poderia pagar. Por isso, fui presa e levada em penhor para o Emir, em garantia do ouro que meu pai não podia pagar. Implorei-lhe que me poupasse, mas ele não se comoveu, pois era totalmente impiedoso. Clamei então por ajuda, e esse jovem, agora morto, veio em meu socorro e salvou-me de uma morte em vida. O oficial tentou matá-lo, mas meu protetor golpeou-o com uma velha espada que estava pendurada na parede de nossa casa. Ele não fugiu como um criminoso; pelo contrário, ficou junto ao corpo do oficial morto até a lei chegar e levá-lo sob custódia". Após dizer essas palavras, que fariam qualquer coração humano se condoer ao extremo, ela virou o rosto e foi-se embora.

Após alguns momentos, vi um jovem que se aproximava com o rosto envolvido por um manto.

Ao se aproximar do cadáver da adúltera, ele desdobrou o manto e colocou-o sobre o corpo desnudo. Com uma adaga que trouxera escondida, cavou um buraco no qual colocou com carinho e cuidado a moça morta; enquanto a cobria, não parava de chorar. Quando terminou a tarefa, arrancou algumas flores e colocou-as reverentemente naquele túmulo improvisado. Quando estava pronto para partir, eu o detive, perguntando: "Que tipo de relação você tinha com essa adúltera? E o que o levou a pôr sua vida em perigo, vindo até aqui para proteger-lhe o corpo nu contra os animais ferozes?"

Ao me encarar, seus olhos mostravam toda sua infelicidade, e ele explicou: "Eu sou o homem desafortunado por quem ela foi apedrejada. Nós nos amávamos desde a infância; crescemos juntos; o Amor, a quem nós servimos e reverenciamos, era o dono de nossos corações. O Amor nos uniu e enlaçou nossas almas. Um dia tive de ausentar-me da cidade e quando voltei descobri que seu pai a obrigara a casar-se com um homem que ela não amava. Minha vida tornou-se uma luta contínua, e todos os meus dias se transformaram numa longa noite escura. Busquei pacificar meu coração, mas ele não se conformava. Por fim, fui vê-la secretamente; meu único objetivo era ter uma breve visão de seus olhos encantadores e escutar o som de sua voz tranqüila.

Ao chegar a sua casa, encontrei-a sozinha, lamentando seu infortúnio. Sentei-me a seu lado; o silêncio era nossa conversa, a virtude, nossa companheira. Uma hora de mudo entendimento havia passado, quando seu marido entrou. Eu o adverti para conter-se, mas ele a puxou para a rua e gritou: 'Venham, venham e vejam a adúltera com seu amante!' Todos os vizinhos se precipitaram, e mais tarde veio a lei e levou-a até o Emir, mas eu nem fui tocado pelos soldados. A Lei ignorante e os costumes odiosos puniram a mulher pela falta de seu pai e perdoaram o homem".

Tendo dito tudo isso, o jovem caminhou em direção à cidade. Observando o cadáver do ladrão pendurado naquela árvore majestosa, fiquei meditando sobre tudo aquilo, enquanto o corpo se movia levemente cada vez que o vento batia nos galhos, esperando talvez por alguém que o baixasse e o estendesse na superfície da terra, ao lado do Defensor da Honra e da Mártir do Amor. Uma hora depois, uma frágil e miserável mulher apareceu, chorando. Parou em frente ao homem enforcado e rezou reverentemente. Em seguida, subiu na árvore e roeu com os próprios dentes a corda de linho, até que ela se rompesse e o morto caísse ao chão como um pacote sinistro. Ato contínuo, desceu, cavou uma vala e sepultou o ladrão ao lado das duas outras vítimas. Em seguida cobriu-o com terra, pegou dois pedaços de madeira, fez uma cruz e colocou-a na cabeceira. Quando ela se voltou para a cidade e se preparou para partir, eu a contive perguntando: "O que a fez vir aqui e enterrar o ladrão?" Ela me mirou com olhos tristes e intensos e disse: "Ele foi meu marido fiel e companheiro dedicado; e pai de meus filhos – cinco crianças que morrem de fome; o mais velho tem oito anos, e o mais novo é ainda bebê. Meu marido não era um ladrão, mas um camponês que trabalhava na terra do mosteiro, sustentando-nos com a pouca comida que os padres e monges lhe davam, quando ele voltava pra casa, ao anoitecer. Trabalhou para eles desde jovem, e quando perdeu a força, os padres o demitiram, aconselhando-o a voltar para casa e mandar seus filhos para tomar seu lugar, tão logo ficassem mais velhos. Meu esposo implorou, em nome de Jesus e dos anjos do céu, que o deixassem ficar, mas não escutaram sua súplica. Não se apiedaram dele, nem de seus filhos famintos, que choravam desesperadamente por comida. Ele se dirigiu então à cidade, em busca de emprego, mas nada conseguiu, pois o rico só emprega aquele que está forte e vigoroso. Sentou-se então na rua poeirenta, estendendo a mão aos transeuntes, pedindo e repetindo-lhes a triste história de sua derrota na vida, sofrendo fome e humilhação, mas as pessoas se recusavam a ajudá-lo, considerando-o um daqueles preguiçosos que não merecem esmolas. Certa noite, a fome torturava dolorosamente nossos filhos, sobretudo o menor, que tentava inutilmente mamar em meu seio já seco. A expressão do rosto de meu marido mudou, e ele saiu de casa, protegido pela escuridão da noite. Foi ao mosteiro, entrou no depósito e pegou um saco de trigo. Quando saía, os monges acordaram de seu sono leve e o prenderam, após o surrarem impiedosamente. De madrugada, levaram-no até o Emir e queixaram-se de que ele fora até o monastério para roubar os vasos de ouro do altar. Prenderam-no e o enforcaram no dia seguinte. Ele estava apenas tentando alimentar seus filhos famintos com o trigo que colheu de seu trabalho, mas o Emir o matou e usou sua carne para encher o estômago dos pássaros e dos animais". Dito isso, ela me deixou sozinho, espiritualmente arrasado, e partiu.

Permaneci parado em frente às sepulturas, como um orador atacado de mudez repentina, enquanto tenta fazer um necrológio. Eu estava mudo, mas minhas lágrimas substituíam as palavras e falavam por minha alma. Meu espírito se rebelou quando tentei meditar um pouco, porque a alma é como uma flor que deixa suas pétalas caírem quando escurece e não emana sua fragrância para os fantasmas da noite. Pareceu-me que a terra que envolvia as vítimas da opressão naquele lugar ermo enchia meus ouvidos com os lamentos das almas sofredoras e me impedia de falar. Continuei em silêncio, mas quando a pessoa entende o que o silêncio lhe revela, ela pode chegar tão perto de Deus quanto as flores do vale. Se as chamas que incendiavam minha alma entristecida tivessem tocado as árvores, elas teriam saído de seus lugares e marchado como um poderoso exército, para lutar com seus galhos contra o Emir e demolir o mosteiro sobre as cabeças daqueles padres e monges. Fiquei ali meditando e senti que a doçura da misericórdia e a amargura da tristeza caíam de meu coração sobre os túmulos recém-cavados – o túmulo de um jovem que se sacrificou para defender uma moça frágil, resgatando sua vida e honra das patas e presas de um ser humano selvagem; um jovem cuja cabeça havia sido cortada como recompensa por sua coragem; e que teve sua espada colocada sobre aquela sepultura pela pessoa que ele havia salvado, como um símbolo de bravura contra aquele império imerso na ignorância e na corrupção. O túmulo de uma jovem cujo coração já estava repleto de amor, antes mesmo de seu corpo ser agarrado com voracidade, usurpado pela lascívia e apedrejado pela tirania... Ela não abriu mão de sua fidelidade até a morte; seu amado colocou flores em seu túmulo para que testemunhassem as horas inocentes daquelas almas que o Amor escolheu e abençoou entre as pessoas cegas pelas coisas terrenas e caladas pela estupidez. A sepultura de um homem miserável, esgotado pelo trabalho árduo e prolongado na terra do mosteiro, que pedira pão para alimentar os filhos famintos, e recebera uma recusa. Esse pobre lançou mão da mendicância, mas ninguém lhe deu atenção. Quando sua alma o conduziu a reaver uma pequena parte da safra que plantara e colhera, foi aprisionado e torturado até a morte. Sua pobre viúva ergueu uma cruz sobre seu túmulo, como um símbolo na quietude da noite frente às estrelas do céu, em testemunho contra aqueles padres que converteram o bom ensinamento de Cristo em espadas afiadas, com as quais decepam o pescoço do povo e laceram os corpos dos fracos.[3]

O sol desapareceu atrás do horizonte, como se fatigado dos problemas do mundo e enojado com a submissão humana. Naquele instante, o entardecer começou a urdir um suave véu com as

[3] Aqui encontramos claramente expressa a crítica do autor a dois aspectos fundamentais da sociedade libanesa, verdadeiros eixos da obra: a submissão da mulher, que passa como uma propriedade das mãos do pai às do esposo, e a opressão do povo pelas autoridades políticas e religiosas. (N. E.)

fibras do silêncio e colocou-o sobre o corpo da Natureza. Levantei a mão em direção às sepulturas, apontei seus símbolos, ergui os olhos em direção ao céu e proclamei: "Ó Bravura, aqui está sua espada, enterre-a agora! Ó Amor, estas são suas flores, queime-as com o fogo! Ó Jesus, esta é Sua cruz, mergulhe-a na escuridão da noite!"

3
Kahlil, o herege

I

O xeque Abbas era considerado um príncipe pelos habitantes de uma isolada localidade do norte do Líbano. Sua mansão situava-se entre casebres de camponeses pobres e era como um gigante cheio de vida em meio a anões doentios. Ele vivia cercado de luxo, enquanto seus vizinhos levavam uma existência de miséria. Os camponeses lhe obedeciam e se inclinavam respeitosamente diante dele, quando lhes falava. Era como se o poder da mente lhe tivesse outorgado a função de representante oficial e porta-voz daquela gente. Sua fúria os faria tremer e se dispersar como folhas do outono diante de um vento forte. Se tivesse de esbofetear o rosto de alguém, seria uma heresia essa pessoa mover-se, ou baixar a cabeça, ou mesmo tentar descobrir a razão de tamanha raiva. Se sorrisse para um homem, este logo seria considerado pelos aldeões como uma pessoa honrada e afortunada.

Não era por fraqueza que o povo temia e se submetia ao xeque Abbas; foram a pobreza e a dependência em relação a ele que criaram esse estado de constante humilhação. Mesmo os casebres onde eles moravam, bem como os campos que cultivavam, pertenciam ao Xeque, que os herdara de seus antepassados.

O cultivo da terra, a semeadura e a colheita do trigo, tudo era feito sob a supervisão do Xeque, que, em contrapartida, lhes dava uma parte da colheita, tão pequena, que mal evitava que perecessem de fome.

Muitas vezes alguns deles precisavam de pão antes de a colheita ter sido feita, e então se dirigiam ao xeque Abbas, suplicando-lhe com os olhos cheios de lágrimas que lhes adiantasse algumas piastras ou um pouco de trigo; o Xeque atendia alegremente a seus pedidos, pois sabia que pagariam o débito em dobro, quando chegasse a época da colheita. Assim, aquela gente ficava endividada durante toda a vida, deixando somente débitos aos filhos e permanecendo submissa ao patrão, cuja fúria sempre temeu e cuja amizade e consideração tinha contínua, mas inutilmente tentado conseguir.

II

Chegou o inverno, e com ele a bruma pesada, a neve e os ventos fortes; os vales e os campos ficaram totalmente nus, exceto pelas árvores sem folhas que se erguiam como espectros da morte acima das planícies sem vida.

Depois de estocar os produtos da terra nos celeiros do Xeque e encher seus jarros com o vinho das videiras, os aldeões recolheram-se a suas cabanas, para gastar parte de suas vidas ociosos ao lado do fogo, rememorando a glória de tempos passados e relatando uns aos outros as histórias de dias fatigantes e noites intermináveis.

O ano velho acabara de dar seu último suspiro no céu cinzento, e, quando a noite chegou, o Ano Novo foi coroado e colocado no trono do Universo. Começou a nevar pesadamente, e os ventos uivantes desciam das altas montanhas aos abismos, empurrando a neve que se amontoava, atirando-a nos vales.

As árvores balançavam sob o impacto das fortes tempestades, e os campos e outeiros estavam cobertos por um manto branco, sobre o qual a Morte desenhava e esvaecia figuras. A nevasca separava os vilarejos espalhados pelas encostas dos vales.

As luzes que piscavam através das janelas dessas pobres cabanas sumiam por trás do denso véu da Natureza furiosa.

O temor invadia o coração dos camponeses, e os animais permaneciam nos galpões, enquanto os cachorros se escondiam pelos cantos. Podiam-se ouvir as vozes dos ventos uivantes e o trovejar das tempestades repercutindo nas profundezas dos vales. Parecia que a Natureza estava enraivecida com a passagem do ano e tentava se desforrar nessas almas pacíficas, agredindo-as com suas flechas geladas.

Nessa mesma noite, sob o céu irado, um jovem tentava caminhar pela trilha sinuosa que vai do célebre convento de Deir Kizhaya ao vilarejo do xeque Abbas. Seus braços e pernas já estavam quase paralisados pelo frio, e a dor e a fome lhe roubavam as forças. A roupa negra que vestia estava esbranquiçada pela neve que caía, como se ele já estivesse usando mortalha antes mesmo do momento de sua morte. Ele lutava contra o vento. Avançava com dificuldade, e a cada impulso conseguia dar apenas alguns passos. Ele pediu socorro e estacou em silêncio, tremendo no frio da noite. Estava perdendo a esperança, abatido por um grande desespero e uma profunda dor. Era como um pássaro de asas partidas, que cai numa correnteza cujos redemoinhos o arrastam para o fundo.

O jovem continuou andando e caindo, até que seu sangue parou de circular e ele desmaiou. Deu então um grito terrível... a voz de uma alma que vê o rosto oco da Morte... a voz da juventude moribunda, debilitada pelo homem e aprisionada pela natureza... a voz do amor à existência no espaço vazio.

III

No canto norte do vilarejo, em meio àqueles campos de ventos fortes, ficava a casa solitária de uma mulher chamada Raquel e sua filha Miriam, que ainda não tinha completado dezoito anos. Raquel era viúva de Samaan Ramy, que fora encontrado assassinado seis anos antes, e cujo matador a justiça humana não havia identificado.

Tal como todas as outras viúvas libanesas, Raquel ganhava a vida com um duro, interminável trabalho. Na época da colheita, ela pegava as espigas de milho deixadas por outros no campo, e no outono juntava as escassas frutas esquecidas nos pomares. No inverno, Raquel fiava lã para confeccionar roupas, pelas quais ela conseguia alguns trocados ou uma porção de trigo. Sua filha Miriam era uma linda garota que dividia com a mãe o peso do trabalho diário.

Naquela noite escura, as duas mulheres aqueciam-se junto à lareira, cujo vigor estava debilitado pelo frio e as chamas quase sufocadas pelas cinzas. Para iluminá-las, uma lamparina de chama débil lançava seus raios amarelecidos e frágeis no coração da escuridão, como um crente que envia fantasmas de esperanças ao coração do pesar.

Deu meia-noite, e elas ouviam o lamento da ventania. De tempos em tempos, Miriam se levantava, abria a pequena janela, olhava para o céu escuro e depois voltava à sua cadeira, preocupada e assustada com a fúria dos elementos. Subitamente Miriam se ergueu, como se tivesse sido despertada de um desmaio profundo. Olhou ansiosamente sua mãe e disse: "Você ouviu isso, Mamãe? Ouviu uma voz pedindo socorro?" A mãe escutou por um momento e respondeu: "Não ouvi nada, senão o lamento do vento, minha filha". Miriam insistiu: "Ouvi uma voz mais profunda que o céu trovejante e mais sofrida que o choro da tempestade".

Tendo dito essas palavras, Miriam se levantou, entreabriu a porta e escutou por um instante. Logo exclamou: "Escutei de novo, Mamãe!" Raquel correu até a soleira da porta e, após alguns momentos de hesitação, confirmou: "Eu também ouvi. Vamos sair e ver."

Ela se envolveu em um manto comprido, abriu a porta e saiu cuidadosamente, mas Miriam parou na soleira, com o vento soprando em seus longos cabelos.

Depois de percorrer uma curta distância na neve, Raquel parou e gritou com força: "Quem está chamando... onde você está?" Ninguém respondeu; ela repetiu as mesmas palavras diversas vezes, mas não escutou nada, além do trovão. Corajosamente, Raquel avançou um pouco mais, olhando em todas as direções. Ela tinha caminhado alguns passos, quando encontrou pegadas profundas na neve. Seguiu-as com temor e, depois de alguns instantes, percebeu um corpo caído à sua frente, na neve, como um retalho feito num vestido branco. Quando se aproximou dele e levantou-lhe a cabeça, apoiando-a em seus joelhos, conseguiu sentir seu pulso, que evidenciava, pelas batidas lentas do coração, uma pequena chance de sobreviver. A mulher virou-se em direção à cabana e gritou: "Miriam, venha cá e me ajude, eu o encontrei!" Miriam correu, seguindo as pegadas da mãe, enquanto tremia de frio e medo. Ao chegar ao local e ver o jovem caído inerte, ela chorou emocionada. Raquel colocou as mãos em baixo dos braços dele, e tranqüilizou a Miriam, dizendo: "Não fique com medo, ele ainda está vivo; segure pelas pontas do casaco dele e vamos levá-lo para casa."

Enfrentando o vento forte e a nevasca, as duas mulheres carregaram o jovem e o levaram até a cabana. Quando chegaram a seu pequeno refúgio, colocaram-no perto da lareira. Raquel começou a esfregar suas mãos entorpecidas, e Miriam secava seu cabelo com a barra de seu vestido. O jovem deu sinais de estar reagindo após alguns minutos. Suas pálpebras agitaram-se, e ele soltou um profundo suspiro – um suspiro que trouxe a esperança de sua salvação aos corações daquelas mulheres caridosas. Elas tiraram seus sapatos e a roupa negra. Miriam olhou sua mãe e disse: "Veja a roupa dele, mamãe; são vestes usadas pelos monges". Após alimentar o fogo com alguns gravetos secos, Raquel disse à filha: "Os monges não deixam o convento numa noite tão terrível". E Miriam observou: "E ele tem o rosto barbeado; os monges usam barbas". A mãe olhou-o com olhos cheios de compaixão e amor materno; então virou-se para a filha e disse: "Não importa se é um monge ou um criminoso; seque bem os pés dele, minha filha". Raquel abriu um armário, tirou dali uma jarra de vinho e pôs um pouco numa vasilha de barro. Miriam apoiava a cabeça do rapaz, enquanto a mãe lhe dava goles de vinho para estimular seu coração. Após beber o vinho, o jovem abriu os olhos pela primeira vez e lançou a suas salvadoras um olhar doloroso mesclado com lágrimas de gratidão – o olhar de um homem que sentia o toque suave da vida após ter sido envolvido pelas garras pontiagudas da morte; um olhar de grande esperança, depois que a esperança havia morrido. O desconhecido inclinou então a cabeça, e seus lábios tremeram quando pronunciou estas palavras: "Que Deus as abençoe". Raquel colocou a mão sobre seu ombro e disse: "Fique calmo, irmão. Não se canse pois suas forças ainda são poucas". E Miriam acrescentou: "Coloque a cabeça neste travesseiro, irmão, e nós o aproximaremos do fogo". Raquel colocou mais vinho na tigela e deu para ele. Olhou a filha e disse: "Pendure esse casaco perto do fogo, para que seque". Depois de cumprir a ordem da mãe, a jovem voltou-se e olhou para ele com compaixão, como se quisesse ajudá-lo derramando em seu coração todo o calor da alma. Raquel trouxe duas fatias de pão com algumas conservas e frutas secas; sentou-se perto do rapaz e começou a alimentá-lo com pequenas porções, como uma mãe alimenta seu filhinho. Pouco depois ele já se sentia mais forte e sentou-se à beira da lareira, enquanto as labaredas vermelhas refletiam-se em seu rosto triste. Seus olhos brilharam, e ele balançou lentamente a cabeça, dizendo: "A piedade e a crueldade brigam entre si no coração humano, tal como os elementos no céu desta noite terrível, mas a piedade deve vencer a crueldade, porque é divina, e o terror solitário desta noite passará, quando chegar a luz do dia". O silêncio reinou por um momento, e então ele acrescentou com voz sussurrante: "Uma mão humana conduziu-me ao desespero, e uma mão humana me salvou; como o homem é cruel e como o homem é piedoso!" E Raquel indagou: "Irmão, como pôde deixar o convento numa noite tão terrível, quando nem mesmo os animais se aventuram a isto?"

O jovem fechou os olhos, como se fizesse um esforço para segurar as lágrimas nas profundezas de seu coração, de onde elas viriam, e disse: "Os animais têm suas tocas, e os pássaros, seus ninhos, mas o filho do homem não possui um lugar para repousar sua cabeça". Raquel retorquiu: "Isto é o que Jesus disse sobre si próprio". E o jovem continuou: "Essa é a resposta para todo homem que quer seguir o Espírito e a Verdade, nesta época de falsidade, hipocrisia e corrupção".

Após refletir por alguns momentos, Raquel disse: "Mas há muitos quartos confortáveis no convento, e as despensas têm todos os tipos de provisões. Os currais do convento estão repletos de bezerros e carneiros gordos; o que o fez trocar aquela tranqüilidade por essa noite atroz?" O jovem suspirou profundamente e disse: "Abandonei aquele lugar porque o detestava". E Raquel respondeu: "Um monge num convento é como um soldado no campo de batalha, obrigado a obedecer às ordens de seu superior, não importando quais sejam. Ouvi dizer que um homem só pode se tornar monge quando se livra de sua vontade, de seu pensamento, de suas aspirações, e de tudo o que diz respeito a sua mente. Mas um bom superior nunca pede a seus monges que façam coisas insensatas. Como o superior de Deir Kizhaya pôde ordenar-lhe que arriscasse a vida na tempestade e na neve?" Ele respondeu: "Na visão desse superior, um homem só pode tornar-se um monge se for cego e ignóbil, tolo e mudo. Deixei o convento porque sou um homem sensível, que pode ver, sentir e ouvir".

Miriam e Raquel olharam-no como se tivessem descoberto um segredo oculto em seu rosto; após um instante de reflexão, a mãe disse: "Como um homem sensato sai numa noite dessas, que cega os olhos e ensurdece os ouvidos?" O jovem respondeu calmamente: "Fui expulso do convento". "Expulso?", exclamaram Raquel e Miriam em uníssono.

Ele ergueu a cabeça, arrependendo-se de suas palavras, porque temia que o amor e a simpatia delas se convertessem em ódio e desrespeito; mas quando as encarou, viu os raios de compaixão emanando ainda de seus olhos, e seus corpos vibrando de ansiedade para saber tudo; com voz vacilante e emocionada, ele continuou. "Sim, fui expulso do convento, porque não pude cavar meu túmulo com minhas próprias mãos, e meu coração se cansou de fingir. Fui expulso de lá porque minha alma se recusou a aproveitar as benesses de pessoas que se entregaram à ignorância. Fui expulso porque não conseguiria ter sossego, naqueles aposentos confortáveis, construídos com o dinheiro sofrido dos camponeses. Meu estômago não conseguia aceitar um pão amassado com as lágrimas dos órfãos. Meus lábios não podiam proferir orações que são vendidas pelos superiores, a peso de ouro ou de alimentos, ao povo simples e crente. Fui expulso do convento como um leproso imundo, porque lembrei aos monges os juramentos que lhes permitiram chegar a sua atual posição".

Reinou silêncio, enquanto Raquel e Miriam meditavam sobre o que tinham ouvido; olhando fixamente o rapaz, elas perguntaram: "Seus pais estão vivos?" Ele respondeu: "Não tenho pai, nem mãe, e nem um lugar que possa ser minha casa". Raquel suspirou profundamente, e Miriam virou o rosto para a parede, tentando ocultar suas lágrimas piedosas e sublimes.

Da mesma forma que uma flor murcha volta a viver, quando recebe as gotas de orvalho que a madrugada derrama em suas pétalas sedentas, também o amargurado coração do jovem se reanimou com o afeto e a bondade de suas benfeitoras. Mirando-as como um soldado olha os libertadores que o salvaram das garras do inimigo, completou: "Perdi meus pais antes dos sete anos. O padre da região levou-me para Deir Kizhaya e entregou-me para os monges, que ficaram contentes em receber-me e colocar-me para tomar conta das vacas e carneiros, que todos os dias eu levava a pastar. Ao completar quinze anos, puseram em mim este manto preto e me conduziram até o altar, onde o superior me ordenou, dizendo: 'Jure em nome de Deus e de todos os santos, prometendo viver uma vida de virtude, pobreza e obediência'. Repeti as palavras, antes de ser capaz de entender seu significado ou mesmo qual sua interpretação de pobreza, virtude e obediência.

"Até então eu me chamava Kahlil, mas a partir daquele dia os monges passaram a chamar-me de Irmão Mobarak, mas eles nunca me trataram como um irmão. Eles comiam as comidas mais saborosas e bebiam o vinho mais fino, enquanto eu vivia de vegetais secos e água, misturados com lágrimas. Eles se deitavam confortavelmente em camas macias, enquanto eu dormia sobre uma laje de pedra num quarto frio e escuro no galpão. Muitas vezes eu me perguntava: 'Quando me tornarei um monge, para também usufruir a boa sorte e prosperidade desses padres? Quando meu coração não mais ansiará pela comida que comem e pelo vinho que bebem? Quando não tremerei mais de pavor diante do irmão superior?' Porém todas as minhas esperanças foram frustradas, porque continuei na mesma situação; e além de cuidar do gado, passei também a transportar pedras pesadas sobre meus ombros e a cavar fossas e valas. Eu me mantinha com migalhas de pão dadas em troca de meu trabalho. Não conhecia nenhum outro lugar para onde pudesse ir, e os clérigos do convento me levaram a odiar tudo o que faziam. Eles haviam envenenado meu espírito de tal maneira, que comecei a pensar que o mundo inteiro era um oceano de sofrimento e misérias, e que o convento era o único porto seguro. Contudo, quando descobri a origem da comida e de seu ouro, fiquei contente por não ter compartilhado aquilo".

Kahlil se aprumou e olhou em torno com surpresa, como se tivesse encontrado algo maravilhoso diante dele naquela cabana miserável. Raquel e Miriam permaneceram em silêncio, e ele continuou: "Deus, que levou meu pai e me exilou como um órfão no convento, não quis que eu desperdiçasse minha vida andando sem rumo através de uma floresta de perigos; também não quis que eu fosse um reles escravo pelo resto de minha vida. Deus abriu meus olhos e meus ouvidos, e indicou-me a luz, fazendo-me ouvir a Verdade quando ela foi pronunciada".

Raquel pensou em voz alta: "Haverá outra luz, além do sol, brilhando sobre todas as pessoas? Os seres humanos serão capazes de entender a Verdade?" Kahlil respondeu: "A luz verdadeira é aquela que irradia do interior do homem e revela os segredos do coração para a alma, tornando-a alegre e satisfeita com a vida. A Verdade é como as estrelas; elas não podem ser vistas, senão atrás da escuridão da noite. A Verdade é como como todas as coisas maravilhosas do mundo; ela não revela seus desejos, senão para aqueles que compreendem primeiro o poder da mentira. A Verdade é uma bondade profunda, que nos ensina a sermos felizes em nosso dia-a-dia e a dividir com outros a mesma alegria".

Raquel continuou: "Muitos vivem de acordo com a bondade, e muitos acreditam que a compaixão pelo semelhante é o reflexo da lei que Deus fez para o homem; mesmo assim, eles não gozam a vida, pois permanecem miseráveis até a morte". Kahlil redargüiu: "São inúteis as crenças e ensinamentos que tornam o homem miserável, e falsa a generosidade que o leva ao sofrimento e desespero. Porque o destino do homem é ser feliz na terra, é indicar o caminho para a felicidade e pregar a sua verdade aonde quer que vá. Aquele que não vê o reino do céu nessa vida, nunca o verá na vida que vem depois. Não estamos aqui como exilados; viemos como inocentes criaturas de Deus, para aprender a adorar o espírito eterno e celestial e a encontrar dentro de nós os segredos da beleza da vida. Essa é a verdade que aprendi dos ensinamentos do Nazareno. Essa é a luz que surgiu do meu íntimo e iluminou os cantos escuros do convento que atemorizavam minha vida. Esse é o segredo oculto que a beleza dos vales e dos campos me revelou, quando eu estava faminto, solitário e chorando sob a sombra das árvores.

"Essa é a religião que o convento deveria transmitir; como Deus a quis; como Jesus a ensinou. Certo dia, quando minha alma estava embebida da beleza celestial da Verdade, tomei a decisão de enfrentar com coragem os monges, que estavam reunidos no jardim; questionei suas ações erradas, dizendo: 'Por que vocês passam seus dias aqui, desfrutando da bondade do pobre, comendo vorazmente o pão feito com o suor de seus corpos e com as lágrimas de seus corações? Por que levam essa vida parasita, segregando-se do povo que precisa de ensinamentos? Por que privam a nação de sua ajuda? Jesus enviou-os para serem ovelhas entre os lobos; por que, então, se tornaram lobos entre as ovelhas? Por que se protegem da raça humana e de Deus que os criou? Se acham que são melhores que aqueles que caminham no cortejo da vida, deveriam ir até eles e melhorar suas vidas; mas se pensam que aqueles são melhores que vocês, então deveriam desejar aprender com eles. Como podem pronunciar um juramento e um voto de pobreza, e em seguida esquecer o que tinham dito e viver no luxo? Como juram obediência a Deus e depois traem todos os significados da religião? Como podem regrar-se pela virtude, se seus corações estão transbordando de pecados? Vocês simulam estar penitenciando seus corpos, mas, na verdade, estão matando suas almas. Vocês fingem permanente renúncia às coisas terrenas, mas seus corações estão repletos de ambição. O povo os vê como mestres da religião, mas, em verdade, vocês se distraem com seus conhecimentos como o gado que se deleita despreocupadamente num verde e maravilhoso pasto. Vamos devolver aos que precisam as enormes propriedades do convento, e dar a eles a prata e o ouro que lhes tomamos. Saiamos da nossa indiferença, e vamos servir ao fraco, o mesmo que até agora nos fez fortes, e limpar o buraco onde ele vive. Vamos ensinar a essa nação miserável como sorrir e gozar com a bondade do céu e a glória da vida e da liberdade.

"As lágrimas do povo são mais bonitas e abençoadas por Deus que a calma e a tranqüilidade a que vocês se habituaram vivendo neste lugar. Abraçar solidariamente o coração do vizinho é muito mais sagrado que a virtude escondida nos cantos escuros do convento. Uma palavra de compaixão pela fraqueza do criminoso ou da prostituta é muito mais nobre que a longa oração que vocês repetem cotidianamente, como autômatos, no templo'."

Nesse instante, Kahlil suspirou profundamente e disse, olhando para Raquel e Miriam: "Eu dizia todas essas coisas aos monges, enquanto eles me escutavam perplexos, como se não acreditassem que um jovem ousasse enfrentá-los, pronunciando palavras tão ousadas. Quando terminei, um dos monges se aproximou e disse com raiva: 'Como se atreve a falar dessa maneira conosco?' E um outro, rindo, acrescentou: 'Você aprendeu tudo isso com as vacas e os porcos de que cuida no campo?' Um terceiro se levantou e me ameaçou, dizendo: 'Você tem de ser castigado, seu herege!' Então se afastaram rapidamente, como se fugissem de um leproso. Alguns foram reclamar com o superior, que mandou me chamar no final da tarde. Os monges se regozijaram, antecipando meu sofrimento, e tinham a alegria estampada nos rostos, quando souberam que eu seria chicoteado e posto na prisão por quarenta dias e quarenta noites. Conduziram-me a uma cela escura, onde passei todo esse tempo deitado naquela cova, sem ver a claridade. Não diferenciava a noite do dia, e nada percebia, além do rastejar dos insetos e a terra por baixo de mim. Ouvia apenas o ruído dos passos que me traziam um pedaço de pão e uma tigela de água misturada com vinagre, de tempos em tempos.

"Ao sair do cárcere, estava fraco e debilitado, e os monges acharam que tinham corrigido meu pensamento e assassinado o desejo de minha alma. Pensaram que a fome e a sede haviam sufocado a bondade que Deus colocara em meu coração. Em meus quarenta dias de solidão, esforcei-me por achar um método com o qual pudesse ajudar os monges a verem a luz e ouvir a verdadeira canção da vida; mas todas as minhas ponderações foram inúteis, pois o véu espesso que os séculos colocaram sobre seus olhos não poderia ser rasgado de uma hora para outra, e a argamassa com a qual a ignorância cimentou seus ouvidos estava endurecida e não poderia ser removida com o toque de dedos suaves".

Reinou silêncio por um instante, e então Miriam olhou para a mãe, como se pedisse permissão para falar: "Você deve ter conversado com os monges novamente, uma vez que eles escolheram essa noite terrível para expulsá-lo do mosteiro. Eles deveriam aprender a ser generosos, mesmo com os inimigos".

Kahlil respondeu: "Quando, nesta noite, a tempestade rugiu, e os elementos furiosos rasgavam o céu, afastei-me dos monges que estavam agachados em torno do fogo, contando lendas e histórias engraçadas. Quando me viram sozinho, tentaram zombar de mim. Eu estava lendo o Evangelho e meditando sobre as lindas palavras de Jesus, o que me fazia esquecer por alguns momentos a natureza em fúria e a beligerância dos elementos no céu, quando se aproximaram de mim com a intenção de me ridicularizar. Fingi que não os via e olhei pela janela, mas eles ficaram furiosos, porque o meu silêncio desmontava a zombaria de seus corações e o escárnio de seus lábios. Um deles disse: 'O que você está lendo, Grande Reformador?' Em resposta à pergunta, abri o livro e li em voz alta a seguinte passagem: 'Vendo ele, porém, que muitos fariseus e saduceus vinham ao batismo, disse-lhes: – Raça de serpentes, quem vos induziu a fugir da ira vindoura? Produzi, pois, frutos do arrependimento; e não digam entre vós: 'Abraão é nosso pai'; porque eu voz afirmo que destas pedras Deus pode criar filhos para Abraão. Já foi colocado o machado junto à raiz das árvores, toda árvore, pois, que não produzir bom fruto, será cortada e jogada ao fogo.'

"Depois que li essas palavras de João Batista, os monges ficaram quietos, como se uma mão invisível estrangulasse seus espíritos, mas fingidamente desataram a rir. Um deles falou: 'Conhecemos de cor essas palavras, e não precisamos que um pastor venha repeti-las para nós.'

"'Se conhecessem essas palavras', repliquei, 'teriam compreendido seu significado, e esses pobres aldeões não morreriam de fome e frio'. Quando disse isso, um dos monges me esbofeteou o rosto, como se eu tivesse dito uma coisa terrível contra os padres; um segundo monge deu-me um pontapé, outro tomou-me o livro, e um quarto gritou, chamando o superior, que chegou logo depois, tremendo de raiva. 'Prendam esse rebelde', ordenou, 'e arrastem-no para fora deste lugar sagrado; deixem que a fúria da tempestade lhe ensine obediência. Tirem-no daqui e deixem que a Natureza seja um instrumento da vontade divina sobre ele; depois lavem as mãos, para tirar os germes venenosos da heresia que infestam suas roupas. Se ele voltar implorando perdão, não lhe abram a porta, porque a serpente não se transformará numa pomba, ao ser posta na gaiola, nem a espinheira dará figos, se plantada entre vinhedos'.

"Cumprindo a ordem, eles me arrastaram para fora e, antes que fechassem a porta atrás de mim, escutei um deles gritar: 'Ontem você era o rei das vacas e dos porcos, e hoje está destronado, ó Grande Reformador! Agora vá e seja o rei dos lobos e ensine-os a viver em suas tocas'."

Kahlil fez uma pausa e suspirou profundamente, virando o rosto para olhar em direção ao fogo. Disse, depois, com uma voz doce e amável, e com o semblante atormentando: "Assim fui expulso do convento, e assim os monges me enviaram para as mãos da Morte. Lutei desesperademente com a escuridão da noite, que me cegava. A ventania turbulenta rasgava meu manto, e os montes de neve aprisionavam meus pés, puxando-me para baixo, até eu cair, gritando desesperadamente por socorro. Julguei que ninguém tivesse me ouvido, exceto a Morte, mas um poder que é todo compreensão e piedade ouviu meu grito. Tal poder não quis que eu morresse, antes de aprender o que está contido nos segredos da vida. Esse poder as trouxe até mim, para salvar minha vida das profundezas do abismo e da morte".

As duas mulheres sentiam que seus espíritos entendiam o mistério daquela alma e se tornavam seus companheiros por solidariedade e compreensão. Quase sem notar, Raquel estendeu a mão e maternalmente tocou a dele, dizendo-lhe, enquanto as lágrimas lhe corriam dos olhos: "Aquele que foi escolhido pelo céu como um defensor da Verdade não poderia morrer sob a neve e as tempestades enviadas pelo próprio céu". Miriam acrescentou: "Os temporais e as nevascas podem matar as flores, mas não as sementes, pois a neve as mantém aquecidas, protegidas do congelamento fatal".

Ante essas palavras de encorajamento, a face de Kahlil se iluminou, e ele disse: "Se vocês não me consideram um rebelde e um herege, como fizeram os monges, a perseguição que suportei no convento é o símbolo de uma nação oprimida que ainda não alcançou a maturidade; e esta noite, em que estive prestes a morrer, é como uma revolução que se aproxima, repleta de justiça. E do coração de uma mulher sensível brota a felicidade da raça humana, e da bondade do seu espírito nobre vem o afeto que deve predominar entre os homens".

Ele cerrou os olhos e encostou a cabeça no travesseiro; as duas mulheres não insistiram em continuar a conversação, pois sabiam que o cansaço provocado pelo frio intenso o vencera e dominara seus olhos. Kahlil adormeceu como uma criança perdida que finalmente reencontra a segurança nos braços da sua mãe.

Raquel e a filha foram lentamente até a cama e lá se sentaram, observando-o, como se tivessem sentido em seu rosto carregado uma atração que levava suas almas e corações para mais perto dos dele. A mãe sussurrou à filha: "Há uma estranha força em seus olhos fechados. É como se eles falassem em silêncio, tocando nossa alma".

Miriam acrescentou: "Suas mãos são como as de Cristo, na Igreja". A mãe continuou: "Seu rosto mostra, ao mesmo tempo, a ternura feminina e a coragem do homem".

As asas do sono conduziram os espíritos das duas mulheres para o mundo dos sonhos, e o fogo se apagou e transformou-se em cinzas, enquanto a luz da lamparina de óleo se esvaecia pouco a pouco, até desaparecer. O temporal continuava, e o céu escuro despejava camadas de neve, que o vento forte espalhava para todos os lados.

IV

Cinco dias se passaram, mas o céu continuava derramando neve, enterrando sem mercê as montanhas e os campos. Kahlil fez três tentativas de se despedir e retomar a caminhada através das planícies, mas Raquel o impediu todas as vezes, dizendo: “Não entregue sua vida à natureza cega, irmão; fique aqui, pois o pão que dá para duas também alimenta três, e o fogo continuará aceso após sua partida, como estava antes de sua chegada. Somos pobres, irmão, mas, como os demais de nosso povo, vivemos nossa vida com honestidade e coragem, e Deus nos dá o pão de cada dia”.

Ao mesmo tempo, Miriam implorava sua permanência com olhares bondosos e suspiros profundos, pois, desde que ele entrara na cabana, ela sentira a presença de um poder divino em sua alma, enviando vida e luz a seu coração e despertando uma nova afeição no Santíssimo Santuário de seu espírito. Pela primeira vez, sentia seu coração como uma rosa branca que sorve as gotas do orvalho da manhã e respira sua fragrância no infinito firmamento.

Não existe afeto mais puro e confortador, que aquele oculto no coração de uma moça, que desperta repentinamente e preenche seu próprio espírito com música celestial, transformando seus dias em sonhos poéticos e suas noites em profecias. Não existe no mistério da vida um segredo mais forte e mais belo que a dedicação que converte o silêncio do espírito de uma virgem em eterna vigília, permitindo que se apague o passado, ao atiçar violentamente em seu coração o fogo da doce e arrebatadora esperança de um porvir.

A mulher libanesa diferencia-se das mulheres de outros países por sua simplicidade. A forma como é orientada restringe sua evolução educacional e se torna um obstáculo para seu futuro. Pela mesma razão, ela se vê questionando-se a si mesma sobre a inclinação e os mistérios de seu coração. A jovem libanesa é como a fonte que nasce do coração da terra, e ao seguir seu curso através de depressões sinuosas, não consegue encontrar uma saída para o mar, transformando-se então num lago que reflete em sua superfície tranqüila as estrelas reluzentes e a lua brilhante. Kahlil sentiu o toque do coração de Miriam abraçando com força sua alma, e percebeu que a tocha divina que acendia seu coração também iluminava o dela. Alegrou-se pela primeira vez, como um riacho seco saudando a chuva, mas logo se acusou de precipitação, pensando que aquela compreensão espiritual passaria como uma nuvem, quando partisse daquele lugar. Ele sempre dissera a si mesmo: "Que mistério é esse, que determina uma parte tão grande de nossa existência? Que lei é essa, que nos conduz numa estrada acidentada, mas nos contém e impede de alcançarmos a face do sol, onde encontraríamos a felicidade? Que poder é esse que ergue nosso espírito até o pico da montanha, cobrindo-nos de sorrisos e homenagens, mas de repente nos arremessa para as profundezas do vale, causando-nos dores e lamentos? Que vida é essa que um dia nos enlaça como um amante e no outro tripudia de nós como um inimigo? Não fui perseguido ontem? Não fui exposto à fome, à sede, à dor e à zombaria, por amor da Verdade que o céu revelou em meu coração? Porventura não disse aos monges que a felicidade através da Verdade manifesta-se no homem como desejo e vontade de Deus? Então, por que o medo? E por que fecho meus olhos à luz que se irradia dos olhos dessa jovem? Sou um exilado, e ela é pobre, mas vive o homem apenas do pão? Não vivemos, entre famintos e saciados, como árvores entre o inverno e o verão? Não obstante, o que diria Raquel se soubesse que meu coração e o de sua filha chegaram em silêncio a um entendimento, aproximando-se um do outro e juntos seguindo na direção do círculo da Luz Suprema? O que faria se descobrisse que o jovem cuja vida ela salvou anseia por amar sua filha? Que diriam os camponeses simples, se soubessem que um jovem veio para sua vila, expulso do convento onde havia sido criado, e deseja viver junto a uma linda moça? Será que me escutariam, se eu lhes dissesse que aquele que deixou o convento para viver entre eles é como um pássaro que voa das grades opressoras de uma gaiola para a luz da liberdade? Que dirá o xeque Abbas, quando lhe contarem minha história? O que fará o padre da vila, se souber da causa da minha expulsão?"

Assim estava Kahlil, conversando consigo mesmo, sentado junto ao fogo e observando as chamas, símbolo de seu amor. De tempos em tempos, Miriam olhava de relance seu rosto, lendo os sonhos dele em seus olhos, e ouvindo o eco de seus pensamentos, e sentindo o toque de seu amor, embora nenhuma palavra tivesse sido proferida.

Certa noite, enquanto ele estava parado no pequeno batente que dava para os vales, onde árvores e pedras pareciam cobertas por uma mortalha branca, Miriam se aproximou e ficou a seu lado, olhando o céu. Quando seus olhos se encontraram, ele suspirou profundamente e cerrou os seus, como se sua alma estivesse navegando num horizonte sem fim, em busca de uma palavra. Sentiu que a palavra era desnecessária, porque o silêncio falava por eles. Miriam se encorajou: "Para onde você irá, quando a neve se dissolver e os caminhos estiverem secos?" Os olhos de Kahlil se avivaram, ele olhou além do horizonte e disse: "Seguirei o caminho que meu destino e minha missão pela Verdade me ordenarem". Miriam suspirou tristemente e propôs: "Por que você não fica aqui morando com a gente? É obrigado a ir para outro lugar?" Ele estava se deixando embalar por aquelas palavras doces e generosas, porém reagiu: "Os aldeões não aceitarão um monge expulso como vizinho, e não vão permitir que ele respire o ar que eles respiram, porque crêem que um inimigo do convento é um infiel, execrado por Deus e todos os santos". Miriam ficou em silêncio, pois a Verdade que a atormentava impedia que continuasse falando. Kahlil então virou-se para ela e disse: "Miriam, esses aldeões são doutrinados por aqueles que têm autoridade para odiar todo ser que pensa livremente; eles são treinados para permanecer longe daqueles cuja mente voa muito alto; Deus não gosta de ser reverenciado pelo homem ignorante que imita qualquer outro; se eu ficasse neste lugar e pedisse ao povo para fazer orações como quisessem, eles diriam que eu sou um infiel que desobedeceu à autoridade que foi dada ao sacerdote por Deus. Se eu lhes pedisse para escutar as vozes de seus corações e agir conforme a vontade do espírito que há dentro de cada um, eles diriam que sou um homem de má índole, que deseja que eles desrespeitem o clero que Deus colocou entre o céu e a terra". Kahlil olhou dentro dos olhos de Miriam, e com uma voz melodiosa lhe disse: "Miriam, nesta vila há um poder mágico, que me possuiu e dominou minha alma; um poder tão divino, que me faz esquecer meus padecimentos. Neste lugar, encarei a face da Morte, e aqui minha alma alcançou o espírito de Deus. Nesta vila há uma flor maravilhosa, que brotou da grama sem vida; sua beleza atrai meu coração, e sua fragrância o envolve. Devo abandonar essa flor importante para mim, para ir disseminar as idéias que causaram a minha expulsão do convento, ou devo permanecer ao lado dessa flor e cavar um túmulo onde enterrar meus pensamentos e verdades, entre os espinhos que nos circundam? Que devo fazer, Miriam?" Após escutar essas palavras, a moça estremeceu como um lírio ante a brisa alegre da madrugada. Seu coração estava em brasas, quando ela sussurrou: "Estamos nas mãos de um poder misterioso e indulgente. Deixemos que se faça sua vontade".

Naquele instante, os dois corações se uniram, e seus espíritos se transformaram numa chama ardente que iluminava suas existências.

V

Dos primórdios da criação até nossa época, certos clãs, ricos graças a heranças e sempre aliados ao clero, têm se arvorado em governantes do povo.

Essa é uma ferida antiga, aberta no coração da sociedade, que só poderá ser eliminada com o fim da ignorância.

Aquele cuja riqueza veio de herança, constrói sua mansão com o pouco dinheiro do pobre. O sacerdote ergue seu templo sobre as sepulturas e os ossos dos crentes devotos. O príncipe algema os braços do camponês, o padre lhe esvazia os bolsos; o soberano ameaça os camponeses com seu olhar intimidador, enquanto o bispo os consola com seu sorriso, e entre a censura do tigre e o sorriso do lobo, o rebanho morre; o soberano arvora-se em dono da lei, e o padre afirma-se representante de Deus; e entre esses dois, os corpos são destruídos, e as almas vão definhando até desaparecer.[4]

No Líbano, essa montanha rica em luz solar mas pobre em sabedoria, o nobre e o padre davam-se as mãos para explorar o camponês, que cultivava a terra e colhia seus frutos, tentando se proteger da espada do soberano e da imprecação do padre. O libanês rico protege-se ciosamente em seu palácio e grita para as multidões: "O Sultão me indicou como senhor de vocês". E o padre em frente do altar diz: "Deus me escolheu para guiar suas

[4] Outro momento crucial do texto, em que Gibran novamente expõe com nitidez a relação entre o poder temporal e o religioso na exploração dos trabalhadores. (N. E.)

almas". Mas os libaneses se escondem no silêncio, pois os mortos não podem falar.

O xeque Abbas era amigo dos sacerdotes, porque estes eram seus aliados na manipulação da opinião pública e impunham o espírito da obediência irrestrita entre seus trabalhadores.

Naquela tarde, quando Kahlil e Miriam estavam se aproximando do trono do Amor, e Raquel os observava com os olhos do afeto, o padre Elias deu ao xeque Abbas a notícia de que o superior tinha expulsado do convento um jovem revoltado, e que este havia se refugiado na casa de Raquel, a viúva de Samaan Ramy. E o padre, não satisfeito com a informação que tinha dado ao Xeque, acrescentou: "O demônio que colocaram para fora do convento não se transformará em anjo nesta vila, da mesma forma que a figueira que foi derrubada e jogada ao fogo não dará fruto após ser queimada. Caso desejemos preservar a vila contra a sujeira desse animal, devemos expulsá-lo, tal como fizeram os monges". O Xeque perguntou: "Você tem certeza de que esse jovem exercerá uma influência negativa sobre nossa gente? Não será melhor para nós mantê-lo aqui e aceitá-lo como trabalhador em nossos vinhedos? Estamos precisando de homens vigorosos".

O rosto do padre estampou sua contrariedade. Cofiando a barba, o sacerdote disse com astúcia: "Se ele gostasse de trabalhar, não teria sido expulso do convento. Um estudante que trabalha no convento e que, por acaso, dormiu a noite passada em minha casa, contou-me que este rapaz violou as regras do padre superior, disseminando idéias perigosas entre os monges; e ele me repetiu o que o outro disse: 'Devolvam as terras, as vinhas e a prata do convento para os pobres, e repitam isso em todos os lugares; e ajudem o povo, pois ele precisa ser orientado; se assim o fizerem, alegrarão o Pai que está no Céu'".

Ao ouvir essas palavras, o xeque Abbas levantou-se de um salto e, como um tigre prestes a atacar a vítima, foi até a porta e gritou pelos criados, para que viessem imediatamente. Entraram três homens, e o Xeque ordenou: "Na casa de Raquel, a viúva de Samaan Ramy, há um jovem que veste uma roupa de monge. Prendam-no e tragam-no aqui. Se aquela mulher manifestar alguma objeção à prisão, arrastem-na pelas tranças através da neve e tragam-na com ele, pois quem ajuda o mal é também maléfico". Os homens se curvaram em obediência e correram até a casa de Raquel, enquanto o padre e o Xeque discutiam o tipo de punição a ser aplicada em Kahlil e Raquel.

VI

Passou o dia, e a noite chegou, estendendo sua escuridão sobre aquelas cabanas tristes, pesadamente imersas na neve. As estrelas finalmente surgiram no céu, como esperanças na eternidade vindoura após o sofrimento da morte. As portas e janelas estavam fechadas, e as lamparinas estavam acesas. Àquela hora os camponeses se aconchegavam junto ao fogo, aquecendo-se. Raquel, Miriam e Kahlil estavam reunidos em volta de uma tosca mesa de madeira, jantando, quando ouviram bater à porta, e três homens entraram. Raquel e Miriam ficaram com medo, mas Kahlil permaneceu tranqüilo, como se já esperasse sua chegada. Um dos servidores do Xeque dirigiu-se a Kahlil, pousou a mão em seu ombro e perguntou: "Você é aquele que foi expulso do convento?" Ao que Kahlil respondeu: "Sim, sou eu, o que você quer de mim?" "Nós temos ordem de prendê-lo e levá-lo conosco, até a casa do xeque Abbas. Se você resistir, nós o arrastaremos pela neve como uma ovelha abatida", ameaçou o homem.

Pálida de medo, Raquel exclamou: "Que crime cometeu ele, e por que o querem amarrar e arrastar?" As duas mulheres suplicaram com voz amargurada: "Ele é um só na mão de vocês três, e será uma covardia se o torturarem". Um dos homens se enfureceu e gritou: "Há alguma mulher nesta vila que se oponha à ordem do Xeque?" E pegou uma corda, começando a amarrar as mãos de Kahlil. Este levantou orgulhosamente a cabeça, e tinha um sorriso de compaixão nos lábios, quando disse: "Tenho pena de vocês, amigos, porque não passam de um instrumento poderoso e cego nas mãos de um homem que submete o fraco com a força de suas armas. Vocês são escravos da ignorância. Ontem eu era como vocês, mas amanhã vocês poderão ter a mente livre, como eu tenho agora. Entre nós há um abismo profundo, que abafa o chamado de minha voz e oculta de vocês minha verdade; por isso, não podem me ouvir nem me ver. Eis-me aqui, prendam minhas mãos e façam o que quiserem". Os três homens ficaram impressionados com aquelas palavras, e parecia que a voz de Kahlil fizera despertar neles um novo espírito, mas a voz do xeque Abbas ressoava em suas mentes, obrigando-os a completar a missão. Amarram as mãos de Kahlil e o conduziram silenciosamente, com a consciência pesarosa. As duas mulheres os acompanharam à casa do Xeque, como as filhas de Jerusalém seguiram Jesus até o Monte Calvário.

VII

Mesmo sendo pouco importantes, as notícias correm celeremente entre os camponeses, que, por não participarem das decisões na sociedade, entregam-se ansiosamente a discutir os acontecimentos de seu pequeno mundo. No inverno, época em que os campos estão adormecidos sob o manto de neve e quando todos os seres humanos se refugiam e se aquecem ao lado do fogo, os aldeões mostram-se ainda mais interessados nos boatos, para fazer o tempo passar.

Assim, logo após Kahlil ter sido preso, a história se espalhou como uma epidemia entre os moradores. Eles abandonaram suas cabanas e foram, como enxames que vinham de todas as direções, à casa do xeque Abbas. Quando os pés de Kahlil pisaram a casa do Xeque, a casa estava cheia de homens, mulheres e crianças que desejavam ver o infiel que tinha sido expulso do convento. Eles também estavam ansiosos para ver Raquel e a filha, que tinham ajudado Kahlil a espalhar a peste diabólica da heresia no límpido céu de sua vila.

Ladeado pelo padre Elias, o Xeque sentou-se para o julgamento, enquanto a multidão encarava o jovem prisioneiro, que se postava ali corajosamente diante dele. Raquel e Miriam estavam atrás de Kahlil e tremiam de medo. Entretanto, o que pode o medo fazer ao coração de uma mulher que encontrou a Verdade e a seguiu? O que o desprezo de uma multidão pode fazer à alma de uma moça que foi despertada pelo Amor? O xeque Abbas olhou para o jovem e perguntou-lhe com voz tonitruante: “Como você se chama?” “Eu me chamo Kahlil”, respondeu ele. O Xeque continuou: “Quem são seus pais e seus parentes, e onde você nasceu?” Kahlil voltou-se para os moradores da vila, que o olhavam cheios de ódio, e disse: “Os pobres oprimidos são minha gente, e este enorme país é a minha terra”.

Disse o xeque, então, em tom de zombaria: “Essa gente que você diz ser a sua pede sua punição, e o país que você afirma ser sua terra não o quer como membro de seu povo”. Kahlil rebateu: “As nações ignorantes prendem seus homens de bem e os entregam aos seus déspotas; e um país governado por um tirano persegue aqueles que tentam libertar o povo dos grilhões da escravidão. Mas será que um bom filho abandonaria sua mãe, se ela estivesse doente? Um homem generoso ignoraria seu irmão por ser miserável? Esses pobres homens que me prenderam e me trouxeram hoje aqui são os mesmos que ontem lhe entregaram suas vidas. E esta terra vasta que não quer minha existência é a mesma que resistirá aos déspotas".

O Xeque soltou uma ruidosa gargalhada, com o objetivo de abater o espírito do jovem e impedi-lo de influenciar os presentes. Voltou-se então para Kahlil e disse, acentuando as palavras: "Você, que não passa de um pastor de gado, pensa que teremos mais compaixão do que os monges que o expulsaram do convento? Pensa que temos pena de um perigoso agitador?" Kahlil respondeu: "É verdade que fui pastor de gado, mas estou contente por não ser um açougueiro. Levei meu rebanho para pastagens ricas, e nunca para terras áridas. Conduzi meus animais às nascentes puras e os protegi dos charcos apodrecidos. Ao anoitecer, eu os levava a salvo para seu abrigo, e jamais os deixei nos vales à mercê dos lobos. Assim tratei os animais; e se o senhor tivesse seguido meu caminho, e tratado os seres humanos como tratei meu rebanho, esta pobre gente não estaria vivendo em cabanas miseráveis nem sofrendo as aflições da pobreza, enquanto o senhor vive como Nero, nesta Mansão fabulosa".

A fronte do Xeque brilhava com as gotas de suor, e seu sorriso presunçoso transformou-se em raiva. Não obstante, ele tentava parecer calmo, fingindo não prestar atenção ao que Kahlil dizia. Voltou então a falar, apontando o jovem: "Você é um herege, e não devemos prestar atenção à sua ridícula conversa; nós o intimamos para ser julgado como criminoso, e tome ciência de que está em presença do Senhor deste lugar, especialmente nomeado como representante de sua Excelência, o Emir Ameen Shebab. Está diante do padre Elias, representante da Santa Igreja, cujos ensinamentos você contrariou. Agora defenda-se, ou ajoelhe-se frente a este povo, e nós o perdoaremos e faremos de você um pastor de gado, como era no convento". Kahlil replicou calmamente: "Um criminoso não deve ser julgado por outro criminoso, do mesmo modo que um ateu não tem de se defender diante de pecadores". E virando-se para o público, disse: "Meus irmãos, o homem que vocês afirmam ser o Senhor de seus campos, e a quem vocês se submetem há tanto tempo, conduziu-me aqui para ser julgado, neste edifício que ele construiu sobre os túmulos dos ancestrais de vocês. E o homem que, valendo-se da fé de vocês, tornou-se pastor de sua igreja, veio para julgar-me e instigá-los a me humilhar e aumentar meus padecimentos. Vocês vieram aqui, chegando de todas as direções, para ver-me sofrer e implorar por piedade. Vocês deixaram suas cabanas para testemunhar contra este seu filho e irmão. Vieram para ver a presa tremer entre as patas de seu implacável captor. Vieram aqui esta noite para ver um infiel diante dos juízes. Sou o criminoso e sou o herege que foi expulso do convento. A tempestade obrigou-me a vir até sua vila. Escutem meu protesto e não sejam complacentes, mas justos, pois a complacência se aplica ao criminoso culpado, enquanto justiça é tudo o que um inocente pode pedir.

"Escolhi vocês como meu júri, porque a vontade do povo é a vontade de Deus. Despertem seus corações, ouçam cuidadosamente e então determinem a sentença, de acordo com suas consciências. Vocês ouviram dizer que sou um infiel, mas não foram informados sobre qual crime ou pecado cometi. Todos me viram amarrado como um ladrão, mas ninguém disse quais foram minhas ofensas, pois as injustiças não são reveladas nesta corte, enquanto que o castigo explode como um trovão. Meu crime, caros companheiros, é saber do padecimento de vocês, pois senti na carne o peso dos grilhões que foram colocados em seus pescoços. Meu delito é meu honesto compadecimento por suas mulheres; é minha compaixão por seus filhos, que sugam a vida de seus seios, mesclada com a sombra da morte. Sou um de vocês, e meus ancestrais viveram nestes vales e morreram submetidos à mesma opressão a que suas existências estão subordinadas agora. Creio em Deus, que ouve o apelo de suas almas sofredoras, e creio no Livro que nos faz a todos irmãos diante do céu. Creio nos ensinamentos que nos consideram a todos como iguais, e nos tornam livres sobre a terra, essa mesma terra por onde pisa o suave pé de Deus.

"Quando eu ainda tomava conta de minhas vacas no convento e testemunhava a situação infeliz que vocês agüentavam, escutei o lamento desesperado que vinha de seus lares miseráveis – um pranto de almas oprimidas –, um pranto de corações partidos que estão presos a seus corpos, como escravos ao senhor de suas terras. Ao me dar conta disso, vi-me no convento e vocês nos campos, e olhei-os como a um rebanho de carneiros seguindo o lobo até a toca; e como eu decidi parar no meio da estrada para ajudar os carneiros e gritei por socorro, o lobo me mordeu com seus dentes pontiagudos.

"Por defender a Verdade, já sofri prisão, sede e fome, que afligem somente o corpo. Tenho agüentado padecimentos difíceis de suportar, por ter transformado os suspiros tristes de vocês numa voz enérgica que repercute por todos os cantos do convento. Jamais senti medo, e meu coração nunca se cansou, pois a dolorosa canga de vocês me injeta novo vigor todos os dias, e meu coração está forte. Agora vocês podem perguntar a si próprios:

'Quando foi que gritamos por socorro, e quem é esse que ousa manifestar-se por nós?' E responderei que suas almas estão chamando todos os dias, e clamando por ajuda todas as noites, mas vocês não podem ouvi-las, pois o moribundo não pode ouvir seu próprio coração que fraqueja, enquanto os que estão ao lado de seu leito certamente o percebem. O pássaro não percebe estar sendo atraído pela armadilha, mas os que o observam sabem o que vai acontecer. Em que hora do dia vocês suspiram dolorosamente? Será de manhã, quando o instinto de sobrevivência agita-se dentro de vocês e lhes tira dos olhos o véu do torpor, e os impulsiona como escravos através dos campos? Ou porventura à tarde, quando cada um se senta sob uma árvore para proteger-se do sol ardente? Ou será quando anoitece, no momento em que voltam para casa famintos, desejando comida de verdade, em vez de uma ração magra e água suja? Ou será à noite, quando a fadiga os joga em cima da cama dura, e tão logo o sono os vence, vocês acordam espantados e saltam de olhos abertos, com medo da voz do Xeque que ainda repercute em seus ouvidos?

"Em que época do ano vocês deixam de se lamentar? Será na primavera, quando a natureza põe seu maravilhoso vestido, e vocês saem para encontrá-la com suas vestimentas rotas? Ou no verão, quando colhem o trigo, pegam as espigas de milho e enchem os armazéns de seu patrão com a colheita, e quando chega a hora do acerto de contas vocês não recebem nada, além de forragem e restos? Ou será no outono, quando colhem as frutas e levam as uvas para o lagar, recebendo em troca por seu trabalho uma jarra de vinagre e um pouco de uvas secas? Ou no inverno, quando vocês, presos em suas cabanas cobertas de neve como agora, sentam ao lado do fogo e tremem quando o céu em fúria os força a ultrapassar os limites de seus pensamentos?

"Essa é a vida do pobre; esse é o pranto contínuo que ouço. Isso é o que faz meu espírito se rebelar contra os opressores e acusar sua conduta. Quando pedi aos monges que tivessem compaixão de vocês, pensaram que eu era um ateu, e decidiram por minha expulsão. Aqui estou hoje, para compartilhar essa vida deplorável com vocês, e para mesclar minhas lágrimas às suas. Aqui estou agora, nas garras de seu pior inimigo. Vocês sabiam que esta terra, onde labutam como escravos, foi arrancada de seus pais, quando a lei era escrita pelo fio cortante das espadas? Os monges ludibriaram seus antepassados e tomaram todas as suas terras e vinhas, quando as leis religiosas eram escritas pelos lábios dos padres. Que homem ou mulher não se deixou enganar pelo senhor das terras, influenciado pela doutrinação dos padres? Deus proclamou: 'Comerás o pão amassado com o suor do seu rosto'. Mas o xeque Abbas está comendo o pão feito com os anos das vidas de vocês e bebendo vinho misturado com suas lágrimas. Será que Deus distinguiu este homem, entre vocês, quando ele ainda estava no ventre da mãe? Ou é a ambição dele que faz de vocês sua propriedade? Jesus disse: 'De graça você recebeu, e de graça deve dar... não acumule ouro, nem prata, nem cobre'. Digam-me, então: quais mandamentos permitem ao clero vender orações por moedas de ouro e de prata? Na quietude da noite vocês oram: 'O pão nosso de cada dia nos dai hoje'. Deus lhes deu esta terra, para dela retirarem o sustento, mas que poder deu Ele aos sacerdotes para que lhes tirem a terra e o pão?

"Vocês maldizem Judas, porque entregou seu Mestre em troca de algumas moedas de prata, mas abençoam aqueles que O vendem todos os dias. Em razão de seu crime, Judas se arrependeu e se suicidou; esses padres, contudo, seguem cheios de orgulho, vestem-se com roupas esplendorosas e ostentam crucifixos brilhantes em seus peitos. Vocês ensinam seus filhos a amar a Cristo, mas também recomendam a eles que obedeçam àqueles que repudiam Seus ensinamentos e contrariam Sua lei.

"Os apóstolos de Cristo foram apedrejados até a morte, para que o Espírito Santo revivesse em vocês, mas os monges e padres estão destruindo esse espírito que existe em vocês, para aproveitar-se de sua cândida generosidade. O que os convence a levar a vida desta forma, em meio à pobreza e opressão? O que os obriga a se curvarem diante de um ídolo horrível, que foi construído sobre os ossos de seus pais? Que herança querem deixar a seus filhos?

"Suas almas foram dominadas pelos padres, e seus corpos estão presos nos cárceres dos governantes. O que vocês podem apontar e dizer: 'Isto é meu!'? Meus amigos, vocês conhecem o padre a quem temem? Trata-se de um traidor, que usa o Evangelho como uma ameaça para tirar dinheiro de vocês... um hipócrita que exibe a cruz e a utiliza como espada para cortar suas veias... um lobo disfarçado em pele de carneiro... um glutão que aprecia mais a mesa que o altar... um caçador de ouro que persegue o Dinheiro até os confins do mundo... um impostor que rouba de viúvas e órfãos. É um espectro com bico de águia, garras de tigre, dentes de hiena e pele de serpente. Tirem dele a Bíblia, rasguem sua batina, raspem sua barba, façam dele o que desejarem; em seguida dêem-lhe algum dinheiro, e ele os perdoará sorrindo.

"Dêem-lhe bofetadas, cusparadas e pisem em seu rosto; depois convidem-no a sentar-se à sua mesa. Ele imediatamente esquecerá o acontecido, folgará o cinto, e encherá a barriga prazerosamente com a comida que lhe servirem.

"Dirijam-lhe imprecações e o ridicularizem; depois mandem-lhe uma jarra de vinho e uma cesta de frutas. Ele lhes perdoará os pecados. Ao ver uma mulher, ele virará o rosto e dirá: 'Saia de perto de mim, ó, filha da Babilônia'. Depois sussurrará a si mesmo: 'O casamento é melhor que o desejo?' Ele observa os jovens caminhando na cortejo do Amor, ergue os olhos para o céu e diz: 'Vaidade das vaidades, tudo é vaidade'. Mas em sua solidão, dirá consigo mesmo: 'Que um dia sejam abolidas as leis e as tradições que me negam os prazeres da vida'.

"Ele prega para o povo: 'Não julguem, para não serem julgados'. Não obstante, julga todos aqueles que discordam de suas ações e os envia para o inferno antes mesmo que a Morte os leve.

"Quando fala, ele ergue a cabeça em direção ao céu, enquanto seu pensamento rasteja como serpente entre os bolsos dos fiéis.

"Ele se dirige a vocês como a filhos amados, mas seu coração não tem amor paternal, e seus lábios jamais sorriem para uma criança nem a leva em seus braços.

"Ele balança a cabeça e lhes diz: 'Afastemo-nos das coisas materiais, pois a vida passa como uma nuvem'. Mas se você observar com atenção, perceberá que ele se agarra à vida, lastimando que ontem já tenha passado, condenando a rapidez com que corre o presente e esperando com ansiedade o amanhã.

"Ele lhe pede que seja caridoso, mas ele é que tem tanto para dar; se você atender a seu pedido, ele o abençoará publicamente, mas se recusar, ele o almadioçará secretamente.

"No templo, ele pede que você ajude os necessitados, mas junto dele os miseráveis clamam por pão, e ele finge não ver nem ouvir.

"Ele vende indulgências, e quem não as compra é um infiel, excomungado do Paraíso.

"Essa é a criatura que vocês temem. É o monge que suga seu sangue. É o padre que faz o sinal-da-cruz com a mão direita, e lhes sufoca a garganta com a esquerda.

"Esse é o pastor que vocês designaram como seu servidor, mas que se considera seu senhor.

"Esta é a sombra que aguilhoa suas almas, do nascimento até a morte.

"Este é o homem que veio julgar-me esta noite, porque minha alma se rebelou contra os inimigos do Jesus de Nazaré, que amou a todos e nos chamou de irmãos, e que morreu na cruz para nos salvar."

Kahlil sentiu que havia compreensão nos corações dos aldeões; sua voz tornou-se clara, e ele terminou seu discurso, dizendo: "Irmãos, vocês sabem que o xeque Abbas foi designado como Senhor desta vila pelo Emir Shehab, o emissário do Sultão e Governador da Província, mas eu pergunto se algum de vocês escolheu o Sultão como deus deste país. Esse poder, meus amigos, não pode ser visto, nem ninguém o escuta falar, mas vocês conseguem perceber sua existência no fundo de seus corações. É nesse Poder que vocês acreditam e para o qual rezam todos os dias, dizendo: 'Pai Nosso que estais no céu'. Sim, seu Pai, que está no céu, é Aquele que escolhe reis e príncipes, pois Ele é poderoso e está acima de todas as coisas. Mas será que seu Pai, que os ama e que lhes indicou o caminho certo através de Seus profetas, deseja que vocês sejam oprimidos? Vocês crêem que Deus, que faz a chuva cair para germinar o trigo das sementes escondidas no coração da terra, deseja que vocês passem fome para que um único homem aproveite Sua generosidade? Acreditam que o Espírito Eterno, que lhes proporciona o amor conjugal, a ternura das crianças e o reconhecimento dos vizinhos, daria a vocês um tirano para escravizá-los para sempre? Julgam que a Lei Eterna, que tornou a vida bela, enviaria um homem para vedar-lhes a felicidade e aprisioná-los no cárcere escuro da Morte dolorosa? Crêem que a força física que lhes foi dada pela natureza é propriedade do rico e não de seu próprio corpo?

"Não podem acreditar nessas coisas, porque, se assim o fizessem, estariam contrariando a justiça de Deus, que nos fez semelhantes, e nos deu a luz da Verdade, que alumia todos os povos da terra. Por que vocês lutam contra si próprios, coração contra corpo, ajudando aqueles que os escravizam, se Deus os criou para serem livres?

"Primeiro fazem justiça a si mesmos, erguendo os olhos em direção a Deus Onipotente e chamando-O Pai, e logo em seguida abaixam as cabeças diante de um homem e o chamam de Senhor?

"Como filhos de Deus, estão felizes sendo escravos de um homem? Cristo não os chamou de irmãos? Mesmo que o xeque Abbas os chame de servos, Jesus não os fez livres pela Verdade e pelo Espírito? Embora o Emir os faça escravos da vergonha e da corrupção, Cristo não os chama para o céu? Por que razão então descem ao inferno? Ele não acendeu seus corações? Então, por que escondem suas almas na escuridão? Deus colocou-lhes no coração uma tocha flamejante, que queima em sabedoria e beleza, e busca os segredos dos dias e das noites; é um pecado extinguir essa tocha e enterrá-la nas cinzas. Deus criou seus espíritos com asas, para que voassem no firmamento infinito do Amor e da Liberdade; é triste que vocês cortem essas asas com as próprias mãos e façam seus espíritos sofrerem, rastejando como insetos na face deste planeta.

Assustado, o xeque Abbas observava a concentração dos aldeões, e tentou interromper, mas Kahlil, inspirado, prosseguiu: "Deus colocou em seus corações as sementes da felicidade; é um crime arrancá-las de si e jogá-las rudemente nas rochas, para que o vento as espalhe e os pássaros as comam. O Criador lhes deu filhos, para que vocês lhes ensinassem a verdade e enchessem seus corações com as coisas mais importantes da vida. Deus deseja que vocês transmitam a eles a alegria e a generosidade da Vida; pergunto, então, por que se comportam como estrangeiros em sua terra natal e agem como criaturas frias, mesmo em face do Sol? Um pai que transforma seu filho num escravo é como um pai que dá ao filho faminto uma pedra, em lugar de pão. Vocês nunca viram os pássaros do céu ensinando seus filhotes a voar? Por que então ensinam seus filhos a se jogar nos braços da escravidão? Porventura já não viram as flores dos vales colocarem suas sementes na terra aquecida pelo sol? Por que, então, submetem seus filhos à fria escuridão?"

O silêncio imperou durante algum tempo, e era como se a cabeça de Kahlil doesse intensamente. Não obstante, ele prosseguiu com voz decidida, ainda que triste: "As palavras que eu pronunciei esta noite são as mesmas que provocaram minha expulsão do convento. Se o senhor de suas terras e o pastor de sua igreja me torturarem esta noite e me matarem, morrerei feliz e tranqüilo, porque completei minha missão e lhes revelei a Verdade que os demônios consideram um crime. Desse modo, cumpri a vontade de Deus Nosso Senhor."

A voz de Khali trazia uma mensagem mágica, que provocou o interesse dos aldeões. As mulheres deixaram-se levar pela suavidade de suas palavras e tinham os olhos repletos de lágrimas.

O xeque Abbas e o padre Elias estavam tremendo de ódio. Quando Kahlil terminou, deu alguns passos e parou próximo de Raquel e Miriam. A quietude retornou à sala do tribunal, e era como se o espírito de Kahlil flutuasse naquele lugar enorme e libertasse as almas da multidão do seu medo do xeque Abbas e do padre Elias, que estavam trêmulos de culpa e constrangimento.

O Xeque ergueu-se subitamente, e seu rosto estava branco. Olhou para os mais próximos e disse: "O que aconteceu com vocês, seus cães? Deixaram que seus corações se envenenassem? Será que seu sangue parou de correr e os debilitou a ponto de não poderem pular sobre esse criminoso e cortá-lo em pedaços? O que fez ele por vocês?" Após recriminar os homens, ele ergueu a espada e se encaminhou para o jovem algemado, quando um aldeão robusto se aproximou, agarrou-lhe a mão e disse: "Abaixe a arma, Senhor, pois aquele que saca sua espada para matar será também morto pela espada!"

O Xeque tremeu intensamente e deixou a espada cair da mão. Ele se dirigiu ao homem, dizendo: "Como um simples trabalhador contraria seu Senhor e benfeitor?" Ao que o homem replicou: "O trabalhador fiel não concorda com seu Senhor na autoria de crimes; esse jovem falou tão-somente a verdade". Outro homem se aproximou e disse: "Este homem é inocente e merece honra e respeito". Uma mulher levantou a voz dizendo: "Ele não maldisse a Deus nem ofendeu aos santos; por que o chama de herege?" E Raquel indagou: "Que crime ele cometeu?" O Xeque gritou: "Você é uma rebelde, viúva miserável; por acaso se esqueceu do destino de seu marido, que se rebelou seis anos atrás?" Após escutar essas palavras irrefletidas, Raquel tremeu de dor e raiva, pois finalmente havia descoberto o assassino de seu marido. Ela conteve as lágrimas, olhou para a multidão e gritou: "Eis aqui o criminoso que vocês tentaram achar durante seis anos; ele acaba de confessar sua culpa. Ele é o homicida que estava escondendo seu crime. Olhem para ele e leiam sua face; estudem-no bem e observem seu medo; ele treme como a última folha de uma árvore no inverno. Deus revelou a vocês que o senhor que sempre temeram é um assassino. Transformou-me numa viúva no meio dessas mulheres, e minha filha, numa órfã entre essas crianças". As palavras de Raquel caíram como um raio sobre a cabeça do Xeque, e a agitação dos homens e a exaltação das mulheres eram como tochas incandescentes sobre ele.

O padre ajudou o Xeque a sentar-se. Em seguida, chamou os empregados e ordenou: "Prendam essa mulher que acusou falsamente seu senhor de ter assassinado seu marido; levem esse jovem para uma prisão escura, e quem tentar impedi-los será considerado um criminoso, excomungado como ele da Santa Igreja". Os serviçais não deram atenção à ordem e ficaram imóveis, encarando Kahlil, que ainda estava amarrado. Raquel estava à sua direita, e Miriam à esquerda, como um par de asas prontas para alçarem vôo no infinito céu da Liberdade.

Com o rosto tremendo de raiva, o padre Elias falou: "Vocês estão traindo seu senhor por um criminoso infiel e uma adúltera sem-vergonha?" O mais velho dos empregados redargüiu: "Servimos ao xeque Abbas por muito tempo, em troca de pão e abrigo, mas nunca fomos seus escravos". Após dizer isso, o empregado tirou o manto e o turbante e arremessou-os aos pés do Xeque, dizendo: "Não preciso mais dessas roupas, nem quero que minha alma sofra na mesquinha casa de um assassino". E todos os trabalhadores fizeram a mesma coisa, juntando-se à multidão, cujos rostos emanavam alegria, símbolo da Liberdade e da Verdade. Finalmente, o padre Elias notou que havia perdido sua autoridade e abandonou o local, almadiçoando a hora em que Kahlil havia chegado à vila. Um homem vigoroso caminhou com passos decididos em direção a Kahlil e soltou suas mãos, olhou para o xeque Abbas, que estava prostrado na cadeira como um cadáver, e dirigiu-se a ele com firmeza: "Este jovem, que vocês trouxeram aqui acorrentado, para ser julgado nesta noite como criminoso, ergueu nossos espíritos submetidos e iluminou nossos corações com a Verdade e o Conhecimento. E a pobre viúva, aqui presente, a quem o padre Elias se referiu com uma acusação leviana, revelou-nos o crime cometido pelo Xeque seis anos atrás. Viemos aqui nesta noite, para testemunhar o julgamento de um jovem inocente e de um espírito generoso. Agora, o céu abriu nossos olhos e mostrou a atrocidade de vocês; devemos abandoná-los, e ignorá-los e deixar que o céu cumpra seus desígnios".

Várias vozes se elevaram na sala, e um dos presentes disse: "Vamos sair desta residência de má fama e voltar a nossas casas". Outro interveio: "Sigamos este jovem até a casa de Raquel e escutemos suas palavras sensatas e sua sabedoria que nos conforta". Um terceiro disse: "Vamos seguir seus conselhos, pois ele conhece nossas necessidades". E um quarto esbravejou: "Se desejamos justiça, vamos reclamar com o Emir e denunciar o crime de Abbas". E muitos diziam: "Vamos pedir ao Emir que designe Kahlil como nosso chefe e governante, e dizer ao Bispo que o padre Elias era cúmplice desses crimes". À medida que as vozes se elevavam e caíam sobre os ouvidos de Xeque como pontas afiadas, Kahlil levantou os braços e acalmou os habitantes, dizendo: "Meus irmãos, não falem com rancor, mas ouçam e meditem. Peço-lhes, em nome de meu amor e da amizade que tenho por vocês, que não procurem o Emir, pois com ele não encontrarão justiça. Não esqueçam que um animal feroz não ataca outro igual a ele; também não procurem o Bispo, pois ele sabe muito bem que uma casa rachada ao meio acaba desabando. Não peçam ao Emir que me nomeie Xeque desta vila, pois o servo fiel não gosta de auxiliar o mau Senhor. Se mereço sua generosidade e seu amor, deixem-me viver entre vocês, e junto com vocês vivenciar as alegrias e tristezas da existência. Permitam-me apertar suas mãos e trabalhar com vocês, na casa e no campo, porque se não conseguir transformar-me em um de vocês, serei um hipócrita que não vive conforme a própria pregação. E agora, como o machado alcançou até a raiz da árvore, vamos deixar o xeque Abbas sozinho, no tribunal de sua consciência e diante da Suprema Corte de Deus, onde o sol brilha sobre o inocente e o culpado".

Após ter dito isso, Kahlil deixou o local, e a multidão o seguiu, como se nele houvesse um poder divino que atraía seus corações. O Xeque permaneceu ali sozinho num silêncio terrível, como uma torre destruída que sofre sua derrota em quietude, ou como um comandante rendido. Quando multidão chegou ao pátio da igreja, e a lua tinha acabado de surgir de trás de uma nuvem, Kahlil olhou a todos com olhos amorosos, como um bom pastor que observa seu rebanho. Ele tinha simpatia por aquelas pessoas que representavam uma nação oprimida; e sentia-se como um profeta que via todas as nações do Oriente caminhando naqueles vales e levando consigo almas vazias e corações carregados.

Ele ergueu os braços em direção ao céu e disse: "Do âmago de nosso ser, nós te invocamos, ó Liberdade. Cuida de nós! De dentro da escuridão, nós te estendemos as mãos, ó Liberdade. Olha por nós! Aqui sobre a neve, nós te reverenciamos, ó Liberdade. Tem compaixão de nós! Estamos ante teu trono imponente, e pesa sobre nossos corpos as roupas enodoadas de sangue de nossos ancestrais; nossas cabeças estão cobertas com a poeira das sepulturas mescladas a seus restos mortais, nós agora sustentamos as espadas que traspassaram seus corações, retiramos as lanças que penetraram seus corpos; ajuda-nos a puxar as correntes que impediam sua caminhada, a soltar o grito que feriu suas gargantas, a cantar a melodia de nossa fraqueza, que ecoava através do cárcere, e a repetir as preces que vieram do fundo dos corações de nossos pais. Escuta-nos, ó Liberdade. Do Nilo até o Eufrates, pode-se ouvir o lamento das almas que sofrem, em uma só voz com o pranto dos precipícios; e dos confins do Oriente até as montanhas do Líbano, mãos se estendem em tua direção, ó Liberdade, tremendo diante da presença da Morte. Do litoral até o fim do deserto, olhos repletos de lágrimas olham humildemente e observam-te. Vem, ó Liberdade, e salva-nos.

"Nas cabanas miseráveis, sob a escuridão nefasta da pobreza e da opressão, eles batem no peito, implorando tua compaixão; mira-nos, ó Liberdade, e tem piedade de nós. Errando pelas estradas ou recolhidos às casas empobrecidas, os jovens clamam por ti; nas igrejas e nos conventos, o Livro esquecido também te busca; nas cortes e nos palácios, a Lei vilipendiada também te suplica. Tem compaixão de nós, ó Liberdade, e salva-nos. Em nossas ruas estreitas, os comerciantes passam os dias vendendo para pagar seus impostos aos ladrões exploradores do Ocidente, e ninguém diz a eles como se libertar. Nas terras estéreis, o camponês trabalha o solo e planta as sementes de seu coração e nutre-as com suas lágrimas, mas colhe apenas espinhos, e ninguém o orienta na maneira certa. Em nossas áridas planícies, o beduíno erra descalço e faminto, mas ninguém tem piedade dele; fala, ó Liberdade, e ensina-nos! Nossos carneiros doentes pastam nos campos áridos, nossos bezerros roem as raízes das árvores, e nossos cavalos se alimentam de plantas secas. Vem, ó Liberdade e ajuda-nos. Desde o início, temos vi-

vido na escuridão, e como prisioneiros fomos jogados de um cárcere a outro, e zombam de nossa situação ao longo dos tempos. Quando virá o alvorecer? Até quando devemos agüentar o desprezo dos séculos? Já arrastamos muitas pedras, e muito peso foi colocado sobre nossos ombros. Até quando teremos de suportar essa agressão ao ser humano? A servidão no Egito, o exílio na Babilônia, a opressão na Pérsia, o despotismo dos Romanos, e a ambição da Europa... nós sofremos todas essas coisas. Para onde iremos agora, e quando encontraremos a paz derradeira, nessa jornada de penas? Das garras do Faraó às presas de Nabucodonosor, das mãos de ferro de Alexandre à espada de Herodes, dos grilhões de Nero aos dentes afiados do Demônio... em que mãos cairemos agora, e quando a Morte nos alcançar, teremos enfim repouso?

"Construímos as colunas de todos os templos com o vigor de nossos braços, e em nome da glória transportamos nas costas a argamassa para a construção das grandes muralhas e das pirâmides impenetráveis. Até quando continuaremos construindo mansões deslumbrantes, enquanto moramos em cabanas miseráveis? Até quando continuaremos abarrotando de víveres as despensas dos ricos, ficando para nós tão-somente pedaços de pão seco?

Até quando continuaremos tecendo a seda e a lã para os nossos senhores e patrões, enquanto nos vestimos com trapos?

"A argúcia deles nos divide; e para continuar em seus tronos, permanecendo neles sem que ninguém os perturbe, eles armaram os drusos contra os árabes, atiçaram os xiitas contra os sunitas, e instigaram os curdos a atacar os beduínos, e encorajaram os islâmicos a lutar contra os cristãos[5]. Até quando continuará essa carnificina fratricida no seio da pátria-mãe? Até quando a Cruz ficará apartada do Crescente ante os olhos de Deus? Ó Liberdade, escuta-nos e fala através de alguém, ainda que seja uma voz solitária, pois uma grande chama começa de um pequeno foco. Ó Liberdade, é suficiente que estimules um coração com o sussurro de tuas asas, pois de uma nuvem solitária emerge a luz que ilumina as profundezas dos vales e os picos das montanhas. Dissipa as nuvens negras com teu poder, e desce como um raio para aniquilar os tronos que foram construídos sobre os ossos e crânios de nossos antepassados.

[5] Embora escrito em 1908, esta obra de Gibran permanece atual na identificação e denúncia dos interesses por trás da manipulação de grupos étnicos e religiosos, gerando intolerância e violência como a que se verifica no Oriente Médio. (N. E.)

"Escuta-nos, ó Liberdade;
Tem piedade de nós, ó filha de Atenas;
Resgata-nos, ó Irmã de Roma;
Guia-nos, ó Companheira de Moisés;
Ajuda-nos, ó Amada de Maomé;
Ensina-nos, ó Noiva de Jesus;
Fortalece nossos corações para que possamos viver;
Ou fortalece nossos inimigos para que sucumbamos
E possamos viver em paz eternamente."

Enquanto Kahlil buscava expressar seus sentimentos diante do céu, os moradores da vila o observavam com reverência, e seu amor foi crescendo à medida que ouviam a melodia de sua voz, até que eles sentiram que ele era parte de seus corações. Após um curto silêncio, Kahlil dirigiu o olhar para a multidão e disse calmamente: "A noite levou-nos até a casa do xeque Abbas para entendermos o que é a luz do dia; a opressão nos aprisionou diante do Espaço frio, para que pudéssemos nos compreender mutuamente e nos reunir como aves sob as asas do Espírito Eterno. Agora, retornemos a nossas casas e repousemos, para amanhã nos encontrarmos novamente".

Após dizer isso, ele voltou com Raquel e Miriam para a pobre cabana. A turba dispersou-se, seguindo cada um para seu lar, refletindo sobre o que se vira e ouvira naquela noite célebre. Levavam no íntimo o sentimento de que a chama ardente de um novo espírito havia purificado o mais profundo de suas almas e os dirigia para a senda correta. Em uma hora, todos os candeeiros se apagaram, e o Silêncio envolveu toda a vila, e o Sono levou as almas dos camponeses a um mundo de sonhos intensos. O xeque Abbas, porém, não conseguiu dormir durante toda a noite, pois assistia ao cortejo das sombras e dos horrendos fantasmas de seus crimes.

VIII

Dois meses se passaram, e Kahlil continuava pregando e transmitindo seus sentimentos aos corações dos habitantes, lembrando-lhes sempre seus direitos roubados e mostrando a ambição e tirania dos governantes e dos sacerdotes. Eles o ouviam com atenção, pois o jovem era como uma fonte de alegria; suas palavras caíam nos corações, como a chuva cai sobre a terra sedenta. Em seus momentos solitários, repetiam as palavras de Kahlil, como recitavam suas preces cotidianas. O padre Elias começou a lisonjeá-los, tentando reconquistar sua amizade; ele ficou dócil depois que os moradores descobriram que ele era cúmplice dos crimes do Xeque, razão pela qual o ignoravam.

O xeque Abbas teve uma crise nervosa e circulava a esmo por sua mansão, como um tigre aprisionado. Dava ordens a seus criados, mas recebia como resposta apenas o eco de sua voz nas paredes de mármore. Ele gritava por seus homens, mas nenhum vinha socorrê-lo, salvo sua pobre esposa, que sofria as conseqüências de sua crueldade, como antes os moradores da vila suportavam. Quando chegou a Quaresma, e o Céu anunciou a vinda da Primavera, os dias do Xeque começaram a expirar e, com a passagem do Inverno, ele morreu, após uma longa agonia. Sua alma foi arrastada pela torrente de suas ações e apresentou-se nua e trêmula diante do Trono majestoso, cuja existência nós conhecemos, mas que não podemos ver. Muitos boatos circularam sobre a morte do Xeque; comentava-se que ele havia morrido louco, e outros diziam que o desapontamento e o desespero o levaram ao suicídio. Mas as mulheres que foram confortar a viúva disseram que o Xeque tinha morrido de medo, pois o fantasma de Samaan Ramy o perseguia e o conduzia toda meia-noite até o lugar onde o marido de Raquel fora encontrado morto seis anos antes.

No mês do Nisan, os moradores descobriram o segredo amoroso de Kahlil e Miriam e se alegraram com a novidade, que lhes garantia a permanência de Kahlil no vilarejo. A notícia se espalhou, e todos se congratularam ao saber que o teriam como vizinho.

Na época da safra, os camponeses foram colher as espigas de milho e os feixes de trigo. O xeque Abbas já não estava lá para tomar-lhes a colheita e fazer que fosse levada para seus celeiros. Cada camponês ficou com o que lhe pertencia; as cabanas ficaram repletas de trigo e milho; e todos ficaram bem servidos de bom vinho e azeite. Kahlil compartilhava com eles o trabalho duro e as alegrias; ajudava-os nas colheitas e na prensagem das uvas. Procurava nunca se destacar muito em relação aos demais, a não ser pelo excesso de amor e dedicação ao trabalho. Desde então, até os nossos dias, cada camponês daquela vila colhe com alegria aquilo que plantou com esforço e labuta. A terra que cultivaram e as vinhas que plantaram tornaram-se propriedade deles.

Cinqüenta anos se passaram desde aquele acontecimento, e os libaneses já despertaram.

No caminho para os Cedros Sagrados do Líbano, o viajante se surpreende com a formosura daquela localidade, de pé como uma noiva ao lado do vale. As cabanas miseráveis agora são casas dignas e alegres, cercadas por campos fecundos e pomares vicejantes. Se você perguntar a algum morador sobre a história do xeque Abbas, ele lhe dirá, indicando um monte de pedras e de paredes destruídas: "Ali era o palácio do Xeque, e isso é o que restou de sua história de vida". E caso indague sobre Kahlil, ele erguerá a mão para o céu e responderá: "Nosso amado Kahlil está lá em cima: a história de sua vida foi escrita por Deus, com letras esplendorosas sobre as páginas dos nossos corações, e mesmo com o passar do tempo elas não irão se apagar".

Impressão e Acabamento
Assahi Gráfica e Editora.